タツナミシュウイチ
Shyuichi Tatsunami

子どもの能力が伸びる マインクラフトの使い方

ポプラ新書
257

まえがき　〜マインクラフトの世界へようこそ〜

「マイクラおじさん」とは何者？

マイクラおじさん、タツナミでございます！

おばんでございます！

1976年に青森県弘前市に生まれ、とにかく何かを作っていないと気がすまない子どもでした。

大人になってもそれは変わらず、作ることを仕事として20代を過ごし、30歳ころに遅まきながら上京。そのあたりで私と同じくゲームが大好きな妻と一緒に始めたマインクラフト。あれから早いもので14年が経ちました。

マインクラフトでワールド（マインクラフトにおいてプレイヤーが活動をする3D

デジタル空間のことを「ワールド」と呼称する）を制作し多くのユーザーの皆さんにサーバーを開放したり、自分自身が作ったワールドやチームで制作したワールドを世界に向けて販売するビジネスを始めたり、マインクラフトを使う学校教材の開発をしたり国内の教育機関の先生とゲーム教育の研究を行ったり。30代後半から40代は仕事のすべてにおいてとにかくマインクラフトが必要不可欠な時間を過ごしてきました。

そして「マイクラが大好きだ！」と自分なりに世間に言い続けてきた私が、全国放送の『マツコの知らない世界』や『情熱大陸』といった素晴らしいテレビ番組に出演させていただいたり、東京大学大学院の客員研究員としてマインクラフトを使った平和学習の研究を教授や大学院生の皆さんと一緒に実践したり、常葉大学で客員教授になり日本で初めて大学の正規の授業でマインクラフトを教材とした「マインクラフト造形学」という新しい学問を立ち上げたり。

そして今、子どもたちにとっては楽しいゲームであるマインクラフトを上手に使い、大人が子どもたちに学習させたいと思っている教科につなげてもらう「マインクラフト教育」を、真剣に大学で研究し全国に出張して講演する「マイクラおじさん」として日々最前線で挑戦しています。もちろん根拠のある教育効果とエデュテインメント（エデュケーション×エンターテインメント）効果について研究に努め、講演で広く世間に発信と啓蒙をさせていただいています。

私自身、二児の親でもあり、日本や世界の子どもたちに少しでも質の高い教育の環境を提供する社会になるよう、一人の父親として、またマインクラフターとして今後の日本の教育事業への社会貢献を目指して日々活動しています。

「教育」の価値観が変わる時代

マイクラをただ愚直に続けてきただけですが、いくつもの素晴らしい夢をたくさんの方々に叶えていただきました……。皆さん本当に本当に……！

いやいやいやいや、そんな感傷的なまえがきを書くつもりはないんです！

皆さん、そんなことより大変です‼

とんでもない世の中になりました‼

田舎の生まれで大して学もなく、オタクで友達もロクにいない、やることと言えば自分勝手に好きなことばかり選んでチョロ甘な考えで人生を生きてきた、いや生かしてもらってきた若いモンが数十年経ったこの２０２４年。

その末のヒゲ面で40代半ばのおじさんが、まさかまさか天下の数多ある書店に並ぶ本、しかも教育という世界について書き連ねた本を出させてもらうことになるとは。

本当にとんでもない世の中になったもんです。これが令和か……。

なるほど、ならば言い直さなければなりません。

最高の世の中になりました。やったぜ！

そして皆さん本当に本当にありがとうございます。

結局さっき中断したセリフと同じことを言う流れになりました（笑）。


とはいえ、もしかしたらこれは今の世の中が新しくそして自由に、これまでの既成概念に囚われず年齢や性差、出自や人種など関係なく、本当の意味で誰もが思うままの理想の姿でなんでもできるという世界に徐々にではありますが変化していっている良い傾向なのではないかとも思います。

むしろこうした本も広い心で受け入れてくれる現代で、40代をイイ感じに生きることができて本当に良かった。

うん、我ながら前向きな考え。

そして、教育とは学校の先生にしかできない特殊な仕事「聖職」である、そんな昭和では当たり前だったかもしれない価値観が、新しい時代の令和では破壊的なまでに崩れ、革新に向かっていく大きな流れが巻き起こりつつある証拠でもあるかもしれません。

ただの「マイクラおじさん」の私にもできるんです、きっと皆さんの家庭や地域、学校でもできることがたくさんあるはずです。

素人だと思い込んで後ずさりするのではなく、素人であっても自信をもって実行できることが山のようにあるはずです。

なぜ「マインクラフト×教育」なのか

私は、「教育を仕事にしています」と自己紹介することが多いですが、それは教育の仕事を特別なものと思っていないからです。

そりゃ後進を育てる仕事なので少しは己を磨き続け責任をもって向かわなければならない職ですが、事務の仕事してますーとか、映像作ってますーとか、営業してますーとか、運転手してますーとか、そういう様々なお仕事と同様に私の人生にとって特別感はなく、「縁あって好きで教育の仕事を今しているんです」と話すことが多いです。

私は教員免許を持っている教諭ではありませんし、博士号を持った大先生でもなく、長い間学者になることを目指して学問を追求し続けてきた求道者でもありません。
しかし子どものころの遊びから得られるものが大人になっても尊いものになること、そして私が出会ったマインクラフトという存在の最高に面白いところ、その可能性の大きさは宇宙の大きさをも超えること、マイクラを14年間続けて裏打ちされた確固たる信念と情熱は、誰にも負けないという根拠のない自信だけは持っています。

それもあって、私に今できる仕事はなんだろうと考えたときにたまたま選択肢の一つだったのがマインクラフトを使った教育だったわけです。
そんな感じに、教育という仕事も本来は前向きな気持ちさえあれば誰がやっても良い仕事だと私は思っています。

かつて江戸時代の寺子屋では近場の大人が町の子どもたちの適性に沿って読み書きそろばんの個別教育を施していたのです。これだけ文化文明が発達した現代の大人が江戸時代の日本人にできたことができないわけがありません。

安心してください。あなたにもできますよ！

この本には特別な人だけが実践できる教育法が書かれているわけではなく、もちろん特別な知識がなければ理解できない教育論が書かれているわけでもありませんし、まして読めば速攻で頭が良くなる攻略法などが書かれているわけでもありません。

私が「マインクラフト×教育」の仕事をするに至った話や、マインクラフトが子どもの能力や学力の向上にどうかかわってくるか、どんな良い影響をもたらすのか、私の体験に基づいたマインクラフトの親子での使い方、楽しみ方や学習シーンにおける活用法など、私の人生に欠かせないマインクラフトという存在について目いっぱい語らせていただきました。

マインクラフトという世界で経験し得てきたこと

泣き虫で弱虫で引っ込み思案で根性も度胸も勇気もないいじめられっ子だったタツナミシュウイチという人間が、子どものころ大人に言いたかったこと、言ってほしかったこと、求めていたこと、してほしかったこと。

そして大人になってマインクラフトと出会ってフラッシュバックのように思い出した子ども時代の楽しかったこと、大人になっても消えなかった大切な記憶や体験の数々、大人になったからこそ気付いた「子どものころに経験していて良かったこと」などなど、数多くのことを含めた「知ることに対しての欲求」と、自分を形作ってくれた森羅万象への畏怖と感謝の叫び。

そういった多くの事柄のごくごく一部ではありますが、文字という形に姿を変えて詰まっているはずです。

そして10代だろうが40代だろうが70代だろうが、ブロックで作られた大地の上では一切関係なく平等に人間同士として付き合えるマインクラフトという世界だからこそ私が経験し得てきたことの話もこれでもかと詰まっています。

もう40半ばを過ぎていい年になりました。最近白髪が気になってきちゃって大変です（笑）。そんないい大人なのに小学生と一緒に遊びで盛り上がってどうするとお叱りを受けるような生き方を私はしているかもしれません。

ですがいい年で子どもたちと遊べるからこそ考えることができた、今まで積み上げてきた多くのものを次の世代に託して、自信に満ちた心身のまま衰え、満足した顔でこの世から消えていきたいという気持ち。

おそらくそれを一般的には社会貢献や教育というのかもしれませんが……、私の胸の中に確実に今も煌々と燃え続けているその気持ちのほんの少しが、この本で読める形にできていればいいなと思います。

ということで短いかもしれませんが〝マイクラおじさん〟タツナミによる、皆様の人生にきっと役立つかもしれないマイクラ話に、しばしお時間を頂戴いたします。

皆さんの、そして何より皆さんの大切なお子さんや後輩、次の世代の若者たちの役に立てたなら嬉しいです。

そしてマインクラフトオフィシャルの人間でもなく、マイクロソフトさんやMojang Studiosさんで仕事をしているわけでもない、いちマインクラフトユーザー、いわゆる「マインクラフター」に過ぎない私がここまでやってこれたいろいろなこと。さらに、それはこの本を読んでくれている皆さんにも、同じようにできるかもしれないんだということを知ってもらえたら幸いです。

さぁ！　それではここからは「タツナミ先生」モード全開で、真面目にマインクラフトと教育について紐解いて参りましょう。

最後までよろしくお付き合いくださ い！

子どもの能力が伸びるマインクラフトの使い方／目次

第1章　うちの子はなぜマインクラフトに夢中なのか？

第2章

知っていますか？
子どもの能力向上につながるマインクラフト

第3章　マインクラフトで教えている学校と塾の実態

第4章　マインクラフトで成績アップが期待できる理由

第5章 東京大学、そしてJAXAでも活用されるマインクラフトの可能性

第6章 マインクラフトで見る子育ての原点と教育

第7章　マインクラフト育ちの子どもたちが作る未来

序章

私が「マインクラフト×教育」を仕事にした理由

マイクラに最初はピンとこなかった

現在私は、マインクラフトを楽しみ、その楽しさを多くの人に伝える〝マイクラおじさん〟として活動しています。

たとえば、マインクラフトについての講演をしたり、自分のYouTubeチャンネルで動画を配信したり、コンテストの審査員も務めています。

特に関心があるのは、マインクラフトによる学びです。子どもはもちろん大人もマインクラフトでどんなことを学べるのか、大人はマインクラフトを使ってどんな風に何を教えることができるのかについて、日々、考えています。

これまでに、小学校の児童から大学の学生までを対象に、教育機関で授業を担当してきました。教材作りにも様々な形でかかわっています。最近は、研究の対象にもしています。

こんな具合に私の人生の大きな部分を占めているマインクラフトと出会ったのは、33歳のときです。

当時はパソコン版しかなかったので、パソコンにインストールし、アカウントを作り、一通り、ブロックを積んでみました。ちょっとした建物も作ってみました。

しかし、そのときには、「こんなに面白いゲームがあるなんて！」と頭に衝撃が走ることも、「これはゲームというよりプラットフォームだ！」とひらめくこともありませんでした。

「あ、こういうゲームなのね。それにしてもドットが粗いな～」

これが、率直な感想でした。

ピンときていませんでした。

ドットの粗さが気になったのは、当時、私が遊んでいたゲームと言えば、リアリティを追求したビジュアルが売りのバンバン激しく戦うタイプのゲームだったからです。

地味なゲーム。

それが、マインクラフトの第一印象です。

しかし、その印象はあるときガラリと変わります。

きっかけは妻でした。隣にいる妻もマインクラフトにアカウントを作り、私のワールドの中に入ってきたのです。リアルでの知人（というか家族）が、デジタルでも同じ空間を共有している。マインクラフトではそれができる。そう気がついたとき、マインクラフトは私にとって最高のもの作りの場になりました。

誰かと一緒に好きなものが作れる場

私は子どものころから、もの作りが大好きでした。

小学生当時の自分の自転車には、前にしかカゴがついていませんでした。もっと荷物を載せたい。そう思った私は、自力で後ろにも取りつけました。お粗末なものでしたが、大満足でした。

天体望遠鏡も作りました。授業は理科、特に天文が大好きで、理科教師や科学者を夢見てもいたのでどうしても欲しかったのですが、高価で買えません。そこで、なんとか手に入れた反射鏡を加工して手作りしました。売っているものに比べればおもちゃみたいなものでしたが、もちろん、大満足でした。

そうやって欲しいものを作っていたのは、欲しいものが買えなかったからです。ただ、そのころの私は、欲しいものが世の中にないから自分で作っているのだとも思っていましたし、それを心から楽しんでいました。

私が作るものはいつでも、私が欲しいもの。そして、そのもの作りは私だけ、たった一人での作業でした。

頭の中で描き、ときには実際に紙にも描いた設計図のとおりに、自分が作らなければばこの世に存在しないものを作っていく。

今思うと、クリエイティビティの原点に触れていたのがこのころでした。

そのころと比べると20代半ばから後半にかけて、マインクラフトに出会うまでの数年間は、クリエイティブに疲れていました。

そのころの私は理科教師や科学者になりたいという夢はとうに諦めていて、音楽や映像の制作の仕事をしていました。作るという大好きなことを仕事にしていながら、自分の作りたいものを作れないというフラストレーションを抱えていたのです。今思うと当たり前ですが、そうした音楽や映像は発注を受けて作るもの。発注側の意向を汲んで作業する必要があります。

しかし当時の私ときたら、もの作りの面白さを知ってしまっていることに加え、さらには「自分ならもっといいものが作れる」という生意気で鼻持ちならない自信まで併せ持ってしまっていたため、不満を抱え、すっかりもの作りの楽しさを忘れてしまっていました。

マインクラフトと出会ったのは、そして、そのマインクラフトのワールドの中で妻と改めて出会ったのは、そうしたタイミングでのことでした。

マインクラフトであれば、好きなように好きなものが作れる。しかも、誰かと一緒に。

マインクラフトは、自転車にカゴを取りつけていたころからずっと、私が心の奥底で求めていたものだったのです。

自分の作るもので誰かが喜んでくれる喜び

マインクラフトの面白さに気付き、だんだんとマインクラフトに使う時間が長くなると、マインクラフトについての情報収集も怠らなくなりました。

他の人がニコニコ動画の実況をしているのを見て「なるほど、こうすればいいのか」と学んだこともあります。自分でもすぐに実況をするようになりました。情報交換をする仲間もできました。仲間はほとんどが同世代でした。まだパソコン版しかなかったこともあり、このころにマインクラフトを楽しんでいたのは大人ばかりだったのです。

そして、それまでは妻と二人で遊んでいた自作のワールドを、そうした仲間にも公開するようになりました。

マインクラフトと出会ったおかげで、私の作ったものを、私以外の人も楽しんでくれることの嬉しさを知りました。

ですから私にとって、マインクラフトは特別な存在です。

かつて、マインクラフトの生みの親である通称Notch（ノッチ）さん（本名：マルクス・ペルソン）、今現在、マインクラフトのチームを率いているJeb（ジェブ）さん（本名：イェンス・バーゲンステン）が日本にやってきたときには、直接会いに行きました。「こんなに素晴らしいものを作ってくれてありがとう」とお礼が言いたかった気持ちもあったのでしょう。今にして思えば謎の行動ですが、自分がニコニコ動画で公開したマインクラフトに関する動画を収めたＤＶＤを手渡したこともありました。それもマインクラフトを作ってくれた彼らへの、私なりのお礼と敬意だったのかもしれません。

ただ、お礼はまだまだしきれていません。

子どもたちにもマインクラフトで成長してほしい！

私なりになんとかこのマインクラフトに恩返しをしたい。その思いは、ノッチさんとジェブさんに会ってからさらに強くなりました。そうしているうちに、ニンテンドースイッチ版が発売され、ユーチューバーのヒカキンさんや多くの方々が実況するようになったことで子どもたちの間の認知度も急速に上がり始めます。

「大人じゃなくてもマインクラフトを面白いと感じるんだな」

今では「当たり前でしょう」と言われそうな感想を抱いたのをよく覚えています。

それから、こうも思いました。

「ゲームとして遊ぶだけでは、ちょっともったいないな」

少し後の話ですが、私自身の子どもも自然とマインクラフトへ興味を示すようになっていました。せっかくマインクラフトに触れるなら、我が子だけでなく多くのお子さんにも様々な体験のプラットフォームとして活用してほしい、そのために教えられることがあるなら、教えたい。そうした思いが、徐々に〝マイクラおじさん〟を形作り、子どもたちに向けた動画配信をするようになったきっかけでした。

奇しくもマイクロソフトが教育版マインクラフト（Minecraft Education）のプロジェクトを進めているというニュースは、私が〝マイクラおじさん〟となる少し前から耳にしていました。

概要を知って、まさしく私が今やろうとしていることはこれだと思いました。マインクラフトを学習という体験のプラットフォーム、教材として普及させたい。マイクロソフトがそれをやろうとしているのであれば、ぜひ手伝いたい。教師ではないし教員免許も持っていないけれど、タツナミシュウイチ、マインクラフトにかける情熱は誰にも負けない――。

そう自分に言い聞かせて、知り合いもいなければコネクションもなかった日本マイクロソフトの、公開されているメールアドレスに情熱を込めたメールを送りました。

このあたりの経緯は別の章で詳しく書きますが、こうした縁があって私は、教育現場で働いていたわけでもないのに、のちにマイクロソフト認定教育イノベーター・FELLOWとしても活動するようになり、お子さんたちが大人顔負けの真剣さでクリエイティビティを競うMinecraftカップ全国大会で審査員長を務めるようになり、小中高に出張授業を行うようにもなり、ついには大学でもマインクラフトを使った授業や研究をするようになったのです。

さて、自己紹介はここまでです。次の章からは、マインクラフトの魅力を解剖していきます。

第1章　うちの子はなぜマインクラフトに夢中なのか？

マインクラフトとは世界一プレイヤーが多いゲーム

「マインクラフトって、どんなゲームですか？」

これまで、この質問をたくさん受けてきました。質問してくれるのは、たいてい、マインクラフトに夢中になっているお子さんを持つ、親御さんです。かわいい我が子がなぜ、マインクラフトという、一見原始的なゲームに熱中しているのか、その理由を知りたいと思われるのでしょう。

この質問に答えるのは、簡単なようでいて、結構、難しいです。答えれば答えるほど、新たな疑問を呼び起こしてしまうからです。

たとえば「マインクラフトは、世界で一番プレイヤーが多いゲームです」は、正解です。

マインクラフトは2023年10月に累計販売数3億を突破し、全世界で月間アクティブプレイヤー数は1億6000万人以上（2023年10月現在）とされています。1億6000万人といえば、日本の人口約1億2000万人をはるかに超えています。全世界の人口を80億と考えると、50人に一人は、マインクラフトを楽しんでいる計算になります。ユニクロがこれまで何度かマインクラフトとコラボしたTシャツを販売したのも、根強い人気があるからでしょう（もちろん、私も何枚も買いました）。

「では、なぜマインクラフトは世界で一番プレイヤーが多いのですか？」

この質問に答えるのは難しいです。どうして人気があるのだろう。もちろん、私自身もマインクラフトのことは大好きですし、日本で人気が出てきた経緯も体感しています。でも、なぜ人気なのかをきちっと論理的に説明するのは難しいなと感じています。

マインクラフトはサンドボックスゲーム

なぜ、マインクラフトは人気があるのか。

これを考えることは、なぜ、砂場は人気があるのかを考えるのに似ています。

公園、幼稚園や保育園では、砂場は子どもたちの大人気スポットです。子どもたちは砂場へ行くと、遊び方を教わっていなくても、当たり前のように何かを作り始めます。あっちでは山とトンネルが作られて、こっちでは泥だんごが磨かれて、そっちでは棒倒し選手権が開催されて……。砂場というワールドでは、そのときの気分によって、ぴったりの遊びを楽しめます。

マインクラフトでのタツナミの姿。この姿は私の大切な分身でもある。

マインクラフトには、この砂場のような包容力があります。マインクラフトで初めて遊ぶ人も、なぜか自然と何かを作り始めてしまうのです。マインクラフトにマニュアルやチュートリアルが用意されていないのも、必要ないからなのでしょう。

ゲームにはいろいろなタイプがあります。異世界を冒険して、宝物を探したり誰かを助けたりすることがゴールのゲームはロールプレイングゲームとか、アドベンチャーゲームと呼ばれます。街の運営や車や電車の運転、戦争など、実世界でも行われることをデジタル空間で仮想体験するゲームは、シミュレーションゲームと呼ばれます。

このような分類をすると、マインクラフトはサンドボックスゲームの一つということになります。

サンドボックスとは、砂場のこと。つまり、砂場のように、好きに遊んでいいゲームなのです。山を作ってもそこにトンネルを掘っても水を流してもＯＫ。掘らなくても流さなくてもＯＫ。完成したら友達を招いても、崩してしまってもかまいません。

山だけでなく泥だんご作りのような創作活動にも没頭できます。どんな材料で何を作るかは自分次第。泥だんごのようなシンプルな作品も作れますし、化学や論理回路の力を借りた大規模で複雑な作品にもチャレンジできます。

正確に言えば、マインクラフトにはクリエイティブモードと呼ばれる、砂場のような自由モードだけでなく、冒険を楽しむサバイバルモード（や、それによく似たハードコアモードなど）もあるのですが、人気の秘訣はやはり、砂場のような自由さにあると私は思っています。そもそも２００９年にノッチことマルクス・ペルソンがマインクラフトを発表したときも、クリエイティブモードのようなものしかありませんでした。

マインクラフトは無限に広い砂場のような、自由な場です。何をしたら勝ちというルールも、たどり着くべきゴールもありません。一応ラスボスのような存在はいますが、倒さなくても何も影響はありません。この点が、『スプラトゥーン』や『スーパーマリオシリーズ』とは大きく異なります。

ブロックを積んで壊してものを作る

マインクラフトで遊ぶには、複雑なルールを理解する必要はありません。ブロックの積み重ね方と壊し方の操作さえ覚えれば、小さな子どもでも遊べます。マインクラフトは実にシンプルなゲームです。

画面を見ると、大人はレトロな雰囲気に懐かしさを感じるかもしれません。映画と見まがうような解像度の高いゲームが珍しくない今の時代にあって、まるでドット絵のような世界だからです。だからこそ、レゴのようなブロックがデジタル化したようなものだなと、直感的に理解できます。

実際に、マインクラフトではブロックを積む、または壊すことで、何かを作っていくことになります。

ただし、レゴと違うところもあります。

まず、ブロックは一部の例外を除き、立方体でどれも同じ形をしています。レゴのブロックが大きかったり小さかったり、長かったり短かったりするのとは違い、何を作るにも立方体を組み合わせることになります。

それでいて、建物を作るのに適したブロックには、木材や金属、ガラスなど様々な建材や、レンガやコンクリートなどの石材があります。木材とひとことで言っても、シラカバやアカシア、オークなどの種類がありますし、金属には鉄や銅があります。

これらの違いは、画面上は色や質感の違いとして見えますが、何を選ぶかによって、作るものの作りやすさや壊しやすさが変わります。

壊すという概念も、レゴにはないものではないでしょうか。レゴの場合、トンネルの通った山を作りたければ、トンネル部分を空洞にした山を作ります。しかしマインクラフトでは、まずは山を作ってから、トンネル工事を施します。砂場と同じです。砂場ではトンネル工事は手やスコップといった道具を使って行われますが、マインクラフトの場合も、ツルハシやＴＮＴ（爆弾の役目をするブロック）といった道具を使います。どの道具を使うかで、工事の進み具合が変わります。

そうした工事は、プログラミングや自分で作った道具によって効率化もできます。最初は一つ一つ積んでいたブロックをプログラミングによってあっという間に積み上

建築用ブロックのほか、素材を加工し道具を作るテーブルも多く存在する。

げたり、自作のベルトコンベアのような仕掛けで物を運んだりすることもできます。工夫の余地がいくらでもあるのです。そうして工夫をしながら、建物を作り、街を作ることができます。

　街を作れるという点では、マインクラフトは『シムシティ』に似ているかもしれません。ただしシムシティの場合、メインは街の運営にあり、建物はすでにあるものから選ぶところがマインクラフトとは異なります。

マインクラフトは地球より広く時間が経つのが早い

　マインクラフトのブロックは、一辺1メートルの立方体という設定になっています。ワールドに高度の上限はあります。最深部はY座標−64、最高部はY座標の320までです。なので、もしも高さ６３４メートルの東京スカイツリーを〝実物大〟で再現したければ、高さ方向は縮尺を変更しなければなりませんが、迫力ある建築をすることは十分に可能です。もちろん富士山も同様に縮尺を変えて大迫力の山を作ることが可能です。

土地の広さについても心配はいりません。地球上のすべてを〝実物大〟で再現したとしても、マインクラフト全体の八分の一しか使いきれません。マインクラフトの世界は、地球約８個分の広さがあるからです。

マインクラフトＪａｖａ版では世界の果てがＸ座標－３０００万から３０００万まで、同様にＺ座標－３０００万から３０００万までに存在し、その範囲内のワールドの生成と描写が可能です（Ｘ座標は東西、Ｚ座標は南北、Ｙ座標は高低を定義している）。

そのためプレイヤーの移動可能範囲は６万㎞×６万㎞となり、その総面積は36億平方㎞。これを地球の表面積約５・１億平方㎞で割ると、７・０５８８２……となり約８個分（正確には７個とちょっと分）という計算が成り立ちます。とにかく広いのです。

そのマインクラフトの世界（ワールド）は、均一ではありません。あるエリアは寒く、あるエリアは暖かいといったように、気候の違いがあります。気候の異なるエリアには、別の動物が暮らし別の植物が茂ります。

また、マインクラフトの世界には時間、そして昼と夜という概念があります。マインクラフトでの一日は、現実社会では20分間です。20分遊び続けると、マインクラフトでは朝が来て夜が来て24時間が経つことになります。

こうした時間の経過にともない、マインクラフトの世界では植物が育ちます。これもレゴにはない機能です。種や苗のブロックを設置すると野菜や果物、穀物が育つので、食料や動物の餌などにすることができます。

他のゲームとは何が違うのか

建物を作るだけでなく動植物も育てられるという点では、マインクラフトは『あつまれ どうぶつの森』こと『あつ森』にも似ています。また、バーチャルライブの会場としても使われることがある『フォートナイト』にもクリエイティブモードがあります。

しかし、『あつ森』の場合、ものを作ったり動植物を育てたりするのは〝たぬきち〟などのキャラクターです。またプレイヤーはキャラクターを操作することでものを作り、動植物を育てます。

それに対してマインクラフトでは、キャラクターを操作するのではなく、プレイヤーが直接、一人称視点などでブロックを操作します。砂場にいる自分の分身に命じるのではなく、自分が砂場に入って世界を見ているイメージです。

だから、砂場が大好きな子どもたちにも、そして、とうの昔に砂場から卒業したものの砂場の自由さが恋しい大人たちにも人気があるのでしょう。

また、『フォートナイト』と比べると、マインクラフトはしなくてもいいことが多いゲームです。仲間と世界を救わなくても、他のプレイヤーと戦わなくても、何かコンテンツを作らなくてもかまわない、「強制」をともなわないゲームです。砂場のへりに腰を下ろすようにして、ただただ他の人が遊んでいるところを見ているだけでもいいのです。そしてそのうち何かをしたくなったら、おもむろに手を動かし出す。それでまったくかまいません。

人気のゲームといえば『ポケットモンスターシリーズ』も忘れてはなりません。プレイヤーはポケモントレーナーとして、たくさんのポケモン（生き物）を捕まえたり育てたり、他のポケモントレーナーと戦ったりします。開発者が昆虫採集にヒントを得て作ったというこのゲームは、確かにコレクションへの意欲をかき立てます。

マインクラフトでも、コレクションを楽しめます。動物はもちろん、マインクラフトでの生活に必要な道具や、家などを建てるための木材、食べ物、宝石なども集められます。集めて楽しむもよし、集めたもので何かを作るのもよし、楽しみ方は自分次第です。

マインクラフトは、何をしても何をしなくてもいいゲーム。そんな風に表現できるかもしれません。

言うまでもなく、『あつ森』も『フォートナイト』も『ポケモン』も、面白いゲームです。ゲームはそれぞれに良いところがありますが、マインクラフトはそんな中でも際立って「自由」であると言えるかもしれません。

マインクラフトは「バーチャルなレゴ」ではない

マインクラフトとレゴの違いについてはすでに少し触れましたが、最大の違いはレゴがつかんで触れるリアルなブロックであるのに対して、マインクラフトはバーチャルなブロックであることです。

当たり前のことですが、でも、実はこれが大きな大きな違いを生んでいます。

まず、マインクラフトはデジタルなので、どんな大きなものでも作れます。

レゴでも様々な建物や乗物を作ることができますが、作った本人がその中に入ったり乗ったりすることはレゴランドなどに行かない限り、まず家庭ではできません。レゴで作る建物や乗物は、実際のサイズのミニチュアだからです。しかし、マインクラフトならプレイヤーが入ったり住んだり、乗ったり、それで出かけたりできるものを作れます。外から眺めて終わりではないのです。

また、マインクラフトでのもの作りには、丁寧なお手本はありません。

レゴの場合は、ロケットを作りたいと思ったらロケットの、お城を作りたいと思ったらお城のキットが販売されています。それを買うと、パーツは過不足なくそろっていて、作り方のマニュアルもあって、至れり尽くせりです。まず、失敗することはありません。

だから楽しい、という人もいるでしょう。でも一方で、どこか物足りないと感じることはありませんか？

だからこそ我が家には「レゴクラシック」（組み立て説明などがない、多種のプレーンなレゴブロックの詰め合わせセット。自由に好きなものを作ることができる創造性が試されるといってもいい、個人的にはクラフター向けと思っている）があるわけなのですが、もしあなたやあなたのお子さんが物足りないと感じたことがあるならば、マインクラフトを試す価値が大いにあります。

というのも、マインクラフトは、ロケットセットやお城セットのようなものはなく、作りたいものを作るには何が必要か、どんな風にブロックを組み合わせるかを考えるところから楽しめるからです。たとえば、作りたいものが本物とそっくりな作りの姫路城なら、その本物をじっくりと観察するところから始めることになります。

実際の姫路城の屋根は、丸瓦と平瓦を組み合わせて作られています。

本物とそっくりに作りたければ、丸瓦と平瓦のブロックを組み合わせればいい、と思うかもしれませんが、マインクラフトには瓦のブロックはありません。

では、姫路城を再現することはできないのかというと、そんなことはありません。

2023年、マインクラフトには桜の花のブロックが追加されました（厳密には既

タツナミが制作した姫路城。実際の訪問時に集めた情報をもとに建築している。

存のバイオーム＝気候帯に新植物が加わった）。このブロックを使うと、常に満開の花が咲き、きれいに花びらが散ります。

では、このブロックがなかった時期、マインクラフトでは桜の木を作れなかったのでしょうか。

咲いて散っていく桜は、作れませんでした。しかし、多くの人はピンクのガラスブロックや羊毛ブロックを桜の花に見立て、桜の木を再現していました。

同じように、何かしらのブロックを瓦に見立てれば、本物そっくりの姫路城は作れます。では何を瓦に見立てるか。そこは、個性の発揮のしどころです。

何を作るかを決めたら、材料を吟味し集める必要はありますが、でも、何を作るにしてもブロックを〝買い足す〟必要はありません。一度ゲームを買ってしまえば追加で課金しなくても、無限にものを作り続けられるのがマインクラフトのいいところの一つです。なので、新しいものを作るためにブロックが必要だからと、せっかく作ったものを壊す必要もありません。いくらでも並べて置いておくことができるのです。ブロックは無制限、飾っておく場所も地球の広さの八倍と事実上無制限なので、創作意欲は高まる一方。これもレゴにはないマインクラフトのいいところです。

それから、誤飲したり踏んで痛い思いをしたりということもありません。安心して遊べます。ちなみに私はちょくちょく踏んで絶叫を家中に轟かせ、子どもたちはそんな私を見て笑うという平和な日をレゴに提供してもらっています。そろそろクラシックをもう一つ買い足して子どもたちの巨大建築に備えなければなあと思っているのは、また別のお話です（笑）。

作ったものを思い通りに動かせる

マインクラフトのブロックには、建材や植物の他、天然にある鉱石や土、雪や氷など様々なものがあります。

　お子さんがプレイをしているときに地面を掘っているのを見かけたことがあると思いますが、その土はそのまま建材になり、他のブロックと組み合わせることができるのです。

　中でも、マインクラフトらしい特徴的なブロックに、レッドストーンを筆頭にした、ものを動かせるブロック群があります。具体的にはボタンやレバー、感圧板や日照センサーのような入力装置、レッドストーンパウダーやリピーター、コンパレーターなどの伝達装置、ドアやピストン、ドロッパーなどの出力装置などなどです。

　これらを仕様通りに組み合わせて回路を作成すると、スイッチを押せばピストンが動いてブロックを動かすとか、感圧板に乗るとＴＮＴに火がついて爆発するとかいった具合に、動きをもたらすことができます。

　なので、見た目は姫路城でも、入り口を自動ドアにしたり、内部にエレベーターを設置したりすることもできます。

　ただし、自動ドアというブロック、エレベーターというブロックはありません。なので、何をどのように組み合わせたら自動ドアとして、エレベーターとして機能する

レッドストーン回路とは？

「レッドストーン」という鉱石の粉で、自動的に動いたり、遠隔で動かせたりする仕組みのこと。

入力装置と出力装置を、伝達装置であるレッドストーンでつなぐ。

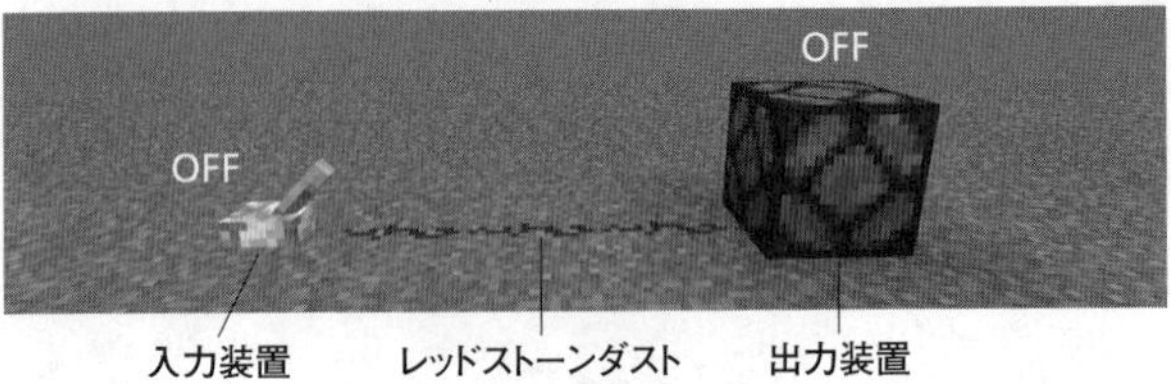

入力装置をONにすると、レッドストーンダストが赤くなって、出力装置が反応する。

（菅原嘉子:文・構成、タツナミシュウイチ:監修『今日からはじめる!マインクラフト建築入門BOOK』 48ページをもとに作成）

か、原理に立ち返って考える必要があります。

工夫して思い通りに動くものを作れる、これこそがマインクラフトの醍醐味です。マインクラフトが砂場だと思ってみてください。ただお城が作れるだけでなく、隠し扉も敵が攻めてきたときのための罠も、料理や農作業の効率をアップさせる仕掛けも、工夫次第でいくらでも装備できるのです。

この他、小麦の収穫から運搬まで全自動の工場とか、『SASUKE』のようなアスレチック施設などといった具合に、レッドストーン回路によるギミックありきの作品作りも楽しめます。子どもだけでなく、親も大人もワクワクするのではないでしょうか。

一番を競うゲームではなく、自分を発揮する場

マインクラフトのクリエイティブモードではいわゆる戦いや勝ち負けがないので、負けて悔しい思いをすることはありません。誰かの作品より劣っているのではないかとビクビクする必要もありません。順位がつけられるものではなく、もちろん一位を取ることが目的ではなく、唯一無二であることがむしろ重要なのです。

自分の作りたいものを作る、つまり、自分を表現すればいいのです。

ただ、自分の作りたいものを作っていても、悔しい思いをすることはあります。私がマインクラフトで最初に作った家は、ただの箱、いわゆる「豆腐ハウス」でした。技術が足りなかったからです。しかし完成したその家を眺めて「こんなものしか作れないなんて、マインクラフトってつまらないな」とは思いませんでした。

湧き上がってきたのは、次はもっとかっこいいものを作りたいという思いでした。描いた理想と、目の前の現実のギャップを埋めたい！　そんな意欲や向上心が、自分の中から湧いてくるのを感じました。その気持ちは、ゲームで勝ちたいという気持ちとは異なるものでした。作りたいものを作りたい。この気持ちを別の言葉で表せば、「もっと自分を表現したい」「自分を発揮したい」となるでしょう。

マインクラフトに夢中になっているたくさんのお子さんの心の中には、そんな熱が宿っているのだと思います。

マインクラフトはプラットフォーム

マインクラフトは代表的なサンドボックスゲームです。ただ、ここまでお読みいた

2012年公開の、最初のマインクラフト実況動画。当時、夫婦実況は珍しかった。

最初に作った「はじまりの家」。のちの壮大な城郭建築もここから始まった。

だけた方は「思っていたようなゲームとはスケールが違うな」と思われたかもしれません。

私は、マインクラフトは「ゲーム」というよりは「プラットフォーム」だと思っています。

プラットフォームにはたとえば、YouTubeがあります。YouTubeは動画を見るためのプラットフォームですが、それ以上に、動画を見せるためのプラットフォームで、他人の権利を侵害してはいけないとか、公序良俗に反してはいけないとか、いくつかの基本的な約束事はありますが、それ以外はどんなものでも動画を投稿できます。旅先の様子でも、家で飼っているペットでも、踊ってみたでも歌ってみたでも、通販で買った品の開封の儀でも、エクササイズでも、料理でも、ゲームの実況でも、どんな動画を公開しようが自由です。どんな動画も公開されているから、見る人もたくさん集まってくる。それがYouTubeというプラットフォームです。

マインクラフトもプラットフォームです。表現のプラットフォームです。他人の権利を侵害したり公序良俗に反したりしなければ、何をどんな風に表現しても、自由です。

何を作るのかを決め、ときには黙々と、ときには仲間とああでもないこうでもないと相談しながら作業し、完成にたどり着けばそれは立派な表現です。

その表現は、ときには、数あるプラットフォームの中からやはりマインクラフトを選んだ誰かと出会うことで、共同作業になるかもしれません。すると、その誰かのアイデアと自分のアイデアを持ち寄ることで、自分の想像をはるかに超える表現ができるようになります。それは、砂場で山を作るだけのつもりだったのが、いつの間にかトンネルを開通させ、山肌に這うように水路を設けて実際に水を流し、スケールアップするのと似ています。

考えてみると、砂場もプラットフォームです。少なくとも、ゲームらしいゲームではないかもしれません。

そして子どもたちは、プラットフォームなんていう言葉を知らなくても、砂場がプラットフォームであることを知っています。何を作ってもいいし、一人で作っても仲間と作ってもいいことを知っています。

マインクラフトの全国大会として毎年行われているのがMinecraft Education（教育版マインクラフト）で作られた作品で内容を競い合う「Minecraftカップ」です。

この大会に友達と参加した子どもたちも協力し合いながら建築物を作りますが、意見が衝突してトラブルになりそうなときもあります。でもそれは、悪いことばかりではないはずです。

解決策を話し合いながら作品の発表まで到達した子どもたちの晴れやかな表情を見ていると、そう感じます。

プラットフォームだからこそ、社会参加の第一歩を体験できるのです。

マインクラフトは無意識のうちに一つのプラットフォームとして、多くのお子さんに受け入れられているのだと思います。

マインクラフトは初心者に優しい

さあ、そろそろお子さんと一緒にマインクラフトの世界に足を踏み入れてみませんか？

初めてでも怖くありません。たとえ失敗したとしてもそこはデジタルの世界。何度でもやり直しができます。事前の学習、不要です。私のYouTubeチャンネルの動画を見ていただければ嬉しいですけれど、見なくても大丈夫です。砂場デビューに予習が必要ないのと同じです。まずはその場に加わってみてください。

それに、マインクラフトは優しい世界です。

サバイバルモードでは別ですが、クリエイティブモードでは、自分のキャラクターが死んでしまう心配はいりません。

戦うゲームでは、自分のキャラクターの死によってゲームが終了するものも多くあります。死にまでは至らなくても、攻撃されたり思わぬアクシデントに陥ったりして、体力の回復を待つ時間が必要になることもあります。でも、クリエイティブモードではそれがありません。余計なことを考えずに無心でクリエイティブに集中できます。

それでも困ることがあれば、マインクラフトの世界の先輩たちが教えてくれます。

これも、声を大にして言いたいマインクラフトの特徴の一つです。

大勢でチームを組み、チーム同士で戦うようなゲームだったら、初心者は「足を引っ張らないかな」と不安にもなるでしょう。でも、マインクラフトは戦うゲームではありません。すでにマインクラフトを楽しんでいる私たちにとって、初心者が現れるということは、仲間が増えるということ。マインクラフトには、新しい仲間を歓迎する雰囲気があります。

たとえばＳＮＳなどで「マイクラ建築」や「マイクラ好き」、もっと言えば「マイクラ初心者」などの言葉で検索してみてください。

そこには、「初めて作った建築物見てほしい！」「サバイバルしていてどうしてもクリアできない、どうすればいい？」「クリエイティブで作るやり方教えて！」といった声に、お互い助け合いながらハッシュタグを作って一緒に遊ぼうよという豊かなコミュニケーションが生まれている様子を見ることができます。

残念ながら例外がゼロとは言えませんが、全体的に穏やかな雰囲気です。どうぞ怖がらずにこちらの世界へお越しください。

パソコンで楽しまないと損

マインクラフトを楽しむのに必要不可欠なものは二つです。それは、ソフトウェアとしてのマインクラフトそのものと、パソコンです。

マインクラフトにはニンテンドースイッチ版もあります。プレイステーション４版やＸｂｏｘＯｎｅ版もあります。スマホやタブレットでも楽しめます。

でも、もし環境が整うならぜひパソコンでプレイしてください。なぜなら、クリエイティブモードを楽しみ尽くすには、パソコンが最適だからです。

仕事でパソコンをお使いの方はピンとくるかもしれません。誰かが作ってくれた資料を見るだけなら、スマホでもタブレットでもそう不自由はありません。でも、自分でゼロから作るとなったらどうでしょうか？　やはりパソコンのほうが、作業効率が良くて便利ですよね。マインクラフトでもそうなのです。

お子さんに、クリエイティブモードでもの作りを楽しんでほしいと思っている親御さんは、ぜひパソコンでのプレイを選んでください。詳しくは後で説明しますが、マインクラフトでのもの作りをぐっと楽しくする技術、パソコン版でないと使えないものもあるのです。これが使えるか使えないかは、マインクラフトの世界の広がりを大きく左右します。

ただし、事務仕事に使うようなパソコンでは、ちょっと力不足かもしれません。マインクラフトは、一般的な事務仕事ではあまり必要とされない、パソコンのグラフィック性能を駆使します。もしも古いパソコンを使うつもりなら、まずは無料試遊版（体験版）などで無理なく動くかを確かめてください。無料試遊版はダウンロードで入手できます。

もしパソコンを新しく買うなら、マインクラフトが無理なく遊べるスペックを備えたものを購入してみてください。

そのスペックを紹介する前に、大切なことを説明しておきます。

パソコンで遊べるマインクラフトには二つのバージョンがあります。Ｊａｖａ版と統合版です。

ニンテンドースイッチなど、パソコン以外のハードウェアでも遊びたい、すでに統合版で遊んでいる友達と一緒に遊びたい場合は統合版を選びます。Ｊａｖａ版では、パソコン以外のハードウェアは難しいですし、統合版で遊んでいる友達と一緒にプレイをするのも難しい技術が必要だからです。ただ、多くのマインクラフトらしさを遊び尽くすなら、Ｊａｖａ版がお勧めです。自分だけの砂場のように、ＭＯＤ（モッド／拡張データをインストールして通常のマインクラフトではできないことが実行可能になる外部プログラムのこと）を組み込み、統合版にはない複雑なコマンドが自由に使える場が手に入るからです。

より深くマインクラフトを楽しむなら、私は断然、Ｊａｖａ版をお勧めします。

２０２４年3月現在、マインクラフトはＪａｖａ版と統合版がセットでダウンロード

マインクラフトの種類とハードウェア

Java版	パソコン
統合版	Nintendo Switch、PS4、PS5、Xbox One、Xbox Series、スマートフォン、Windows10
その他のバージョン	PS3、Wii Uなどの旧世代機

できるエディションがあります。お得なのでぜひＪａｖａ版と統合版の両方をケースに応じて使ってみてください。

そして、パソコンを新しく買うならお勧めは断然、デスクトップパソコンです。一般的に、デスクトップのほうがノートパソコンより、グラフィック性能が高いからです。

それに、ノートのほうが小型で持ち運びに便利ではありますが、お子さんは（大人も）、飲み物をキーボードの上にこぼしがちです。そうなった場合も、デスクトップならキーボードを新調するだけでＯＫ。でも、ノートの場合は大ごとになります。修理に出すなら時間もかかってしまって、せっかくのお子さんのやる気を削いでしまいかねません。

デスクトップなら、たとえばリビングに置けば

「マインクラフトで遊べるのはリビングだけ」というように、ゲームを楽しむ時間にメリハリもつけられるでしょう。画面が大きいのでのびのび遊べますし、デスクトップは寝ころがっては使えないので、姿勢も悪くなりません。

デスクトップのほうが親御さんの心配事も減るのではないかと思います。

それでもたとえば、マルチプレイするためにサーバーを立てるとなったら、最初に買ったパソコンでは心もとないはずです。そうしたとき、デスクトップであればパーツを交換することでマシンパワーも増強できます。

パソコンの準備ができたら、後はマインクラフトを手に入れるだけ。巨大なワールドが皆さんを待っています。

第2章

知っていますか？ 子どもの能力向上につながるマインクラフト

自由なプラットフォームが育む豊かな想像力

マインクラフトというプラットフォームはプレイヤーの好奇心を刺激します。

クリエイティブモードには「こんな風に遊んでください」というお手本がないので「どんな風に遊ぼうか」から、考えることになるためです。

マインクラフトというプラットフォームは、〝白い画用紙〟にも似ています。

白い画用紙を前にして、何を描くかを考えてから描き始めるようなものです。じっくり頭の中で構想を練ってからでも、とりあえず手を動かしてみても、別の紙に下描きをしても、どんな風に始めるのも自由です。

お手本の真似をして遊ぶことに慣れている子どもたちは、「ご自由に」と言われると戸惑ってしまうかもしれません。でも、戸惑ってしまう子どもにクリエイティビティがないわけではありません。それまでクリエイティビティを発揮する機会に恵まれなかったか、そうしていたころのことを忘れてしまっているか、どちらかです。そんな子どもたちには、まずは思いつくまま、マインクラフトで一歩を踏み出してもらいましょう。

自由に遊んでいると、もっとこうできたらいいな、今度はこうしてみたいなという気持ちが生まれてきます。それは現実の世界でも同じです。

たとえば私は自分の住環境や仕事場を使いやすいように改造するのが大好きです。

この傾向は子どものころから片鱗がありました。小学五年生のころ学習机に棚が欲しくて板切れで小さな棚を作ったり、集めてきた水晶や蛍石などを飾っておく箱をプラ板で作ってみたり、自分の部屋のドアを自動ドアにしたくて滑車とおもりを使って自動で閉まる機構を作ってみたり（柱や天井に穴を開けまくったので後々親にとんでもなく怒られましたが）。

「ないものや欲しいものは自分で作る」という自由な思想はあのころから今でもまったく変わらずに私の中で生きています。そしてそれこそがマインクラフトの遊び方そのものであり、それこそがクリエイティブなのです。

もし皆さんのお子さんが、かつての私と同じように今マインクラフトで本棚を作り、コレクションボックスを作り、回路で自動ドアを作っているとしたら。数十年後、大人になったときに彼らは何を作っているでしょう。考えるだけでワクワクしませんか？

様々な制限がある現実世界ですらできることはたくさんあるのですから、自由なマインクラフトの世界ではその気持ちはより強くなるでしょう。

その気持ちは、自由から生まれる好奇心です。自由から生まれる探究心です。与えられた条件の中で遊んでいるだけでは湧いてこないその気持ちは、自由なプラットフォームであるマインクラフトでは〝クリエイティビティ〟として呼び覚まされます。

好きなものを見つけ、好きなものを究める力が育まれる

ご自由にどうぞ。

そう言われたら、皆さんやお子さんたちは真っ先に何をするでしょうか。

たとえばホテルの朝食のバイキング。何をどれだけ食べてもいいというルールでの食事では、一番好きなものを一番たくさん食べたくなるのが人情でしょう。

そうでなければ、一人カラオケ。決まった時間の間に何をどれだけ歌ってもいいとなったら、同じ曲ばかりエンドレスで歌うかもしれません（ちなみに私はサカナクションやSOUL'd OUT、米米CLUBなどは何度でも歌えます。Eveとか女王蜂とかMrs. GREEN APPLEなんかも好き）。

自由になんでも選べるよと言われて初めて、人はやりたいこと、好きなことを選ぶのではないでしょうか。

マインクラフトは、やりたいこと、好きなことを選べる場です。

もしかすると、やることが決められている遊びに慣れていると最初は戸惑うかもしれません。ですが、何をしてみたいかを決めることそのものを、まずは楽しんでほしいと思います。私がこの本で「マインクラフトを始めるなら、まずはここから！」といったことを書かないのは、これが理由です。

たとえば私は「建築」が好きです。その中でも特に「和風建築」。さらに突き詰めると「城郭」、つまり日本のお城を建築することが大好きです。これももともと最初から和風城郭を作ろうとしてマイクラを始めたわけではなく、最初は小さい四角い家を作り、次に大きな家を作り、敷地を広げ畑や塔を作り、植林をして牧場を作ったりしていました。そしてその次に「家を町に拡張したい」と思い始め、「町ってどうやって作る？」という疑問が湧きました。

そこでピンと思いついたのが「城下町」でした。これは私が生まれ育った地が青森県弘前市で、実際子どものころから城下町を見慣れていたからという理由があったのかもしれません。後の流れは簡単です。町の入り口を作り、民家や商店街を作り、当然ランドマークとしての天守閣を作りました。そこでついに気付いたのです。「日本の城の天守閣を作ることが一番楽しい」ということに。マイクラを始めて二年くらい経ったときのことです。

そこからはあっという間でした。天守閣を作るために何度も何度もマイクラを起動し、いくつもいくつも城を作りまくる現在に至りました。

マインクラフトでどんな風に遊び始めるかは、自分は何をしてみたいのか、自分は何が好きなのかを自覚することです。自分主体で遊び方を決め、広げていくことで、自分は何が好きなのかをしっかりと認識できるようになります。

すると「自由にしていいよ」と言われると、何をしていいのかわからずに呆然としてしまう、といったことがなくなります。

「最近の若い人たちは、できあがった環境でしか遊べない」という大人の嘆きが事実なのだとしたら、それは、常にできあがった環境を与え続けてしまってきた大人の責任です。砂場のように自由に選べて、自由に決められる場があれば、誰だって好きなものを選んで好きなように振る舞い始めます。そうして、自分は何が好きなのかを自覚します。

好きなものの存在は、いつでも人生を豊かにしてくれます。マインクラフトはその豊かな人生の入り口になりえます。たとえばどんな人生が開けるのかは、次項目から説明していきます。

ブロックを積むトライ＆エラーが課題解決型学習につながる

マインクラフトと比べられることの多いレゴでは、なんでも作れる基本ブロックのセットもありますが、具体的な乗物や建物など作るべき作品が示されていて、その完成のために必要なパーツがそろっているキットも人気です。自分が選んだ課題に向かって黙々と手を動かすのも、それはそれでハマってしまう作業ではあるのですが「ここをとがらせたらかっこいいのにな」と思っても、とがらせるためのパーツがなければ、「ここは別の色がいいな」と思っても別の色のブロックがなければ、内側からふつふつと湧いたせっかくのクリエイティビティを活かせません。

もったいないなと思います。私が子どものころに「レゴクラシック」のようなバラバラのブロックのほうが楽しめたのも、理由はそこにあったのかもしれません。

でも、そこに「無限のブロック」があったらどうでしょうか。

いくらでも自分好みに改変できます。改変しているうちに、最初は自動車を作っていたつもりが、潜水艦になってしまったということもあるかもしれません。予定変更、でも、それこそがクリエイティビティだと思います。水陸両用の自動車潜水艦、面白いじゃないですか！　自動車を作り始めたその子が、予定変更を重ねなければできなかった世界で一つの作品が、そこに生まれます。

マインクラフトであれば、そうやって世界で一つの作品を作ることができます。なぜなら、ブロックは無限に集め放題、使い放題だからです。

すでにある材料だけで何かを作るのと、素材集めからスタートするもの作りでは、大きく違います。その違いは、与えられた課題に取り組むのか、自ら課した課題に取り組むのかの違い、それこそがＰＢＬ（Project Based Learning）、課題解決型学習そのものなのです。

そして、マインクラフトであれば、与えられた課題に取り組んでいるうちに、自らに課題を課しそれに取り組むというシフトが、自然と発生します。

東京都にある大森学園高等学校では、マインクラフトを使用した課題解決型学習を実践した事例があります。これは情報の授業の中でマインクラフトを使用して実践し、これまでにない何か新しいものを創造していく力を醸成する、また問題を発見し、それを解決するための課題を自ら明らかにし取り組んでいくというもので、点数などで評価できない問題発見力や課題解決能力が育まれる授業として注目を浴びました。

このような考え方のシフトが、マインクラフトの魅力の一つだと思います。

まだまだ発想が柔軟なお子さんの場合は心配いりません。実際にMinecraftカップでも未就学児や低学年の子どもたちの間でこのようなことがよく起こっています。

大人の私たちは案外と、完全な自由に慣れていません。年齢を重ねていればいるほど、不慣れです。「何を作ってもいいよ」「何を描いてもいいよ」と言われると「どうしようかな」と立ち止まってしまうのではないでしょうか。

しかし、最初は与えられた課題に取り組んでいるうちに、オリジナリティを追加したくなることなら多々あります。

大人の事例で言うならキャンプしかり、ＤＩＹしかりです。ＤＩＹという枠があるから、キャンプというテーマがあるから、そこに自分らしさを加えられるのです。ちなみに私は黒い色のキャンプ道具をそろえるのが好きです。

マインクラフトは、改造していい、好きにそろえていいキャンプでありDIYでもあります。お子さんがマインクラフトにハマっているとしたら、自らのイメージ、自分らしさを表現しようとしているのだと思います。

現実では不可能な挑戦もマイクラなら余裕で可能になる

もしあなたが1億桁が計算できる計算機を作らなければならないとなったらどうでしょうか。まず何から始めますか?

もちろん数学の知識や計算機の設計の知識は大前提として必要になるでしょう。幸いそれらの知識を持ち合わせていたとしても、実際に計算機の本体を作る過程で機械を作る材料や道具などが当然必要になります。そしてそれらの材料は制作に失敗してしまうとリサイクルできるもの以外は再度新しいものを準備しなければなりません。もちろん費用がその分かかってしまうことになります。もしかしたら予算が枯渇してプロジェクトを諦めねばならなくなるかもしれません。

それではということでパソコンのアプリとして作れば原価などは気にしなくてもいいかもしれませんが、その場合はアプリ開発に関しての知識、プログラミングの知識などが新たに必要になります。それはそれでハードルが上がるでしょう。

ですがあなたがマインクラフトを知っていて手元にマインクラフトがあれば……、1億桁の計算機を「原価ゼロ」「修正コストゼロ」でいくらでも何度でも作ることにチャレンジできます。そして実際に1億桁の計算ができる巨大な計算機をマインクラフトの世界に作ったマインクラフターが日本にも実在するのです。


さて次は、もっとライトにマインクラフトの世界を私たちの身の回りに落とし込んでみましょう。

お子さんが「ケーキにトマトを飾りたい」と言ったら、どうしますか？

「ケーキにケチャップで模様を描きたい」と言ったら、どうでしょうか？

「食べ物を粗末にするんじゃありません」と叱る親御さんもいらっしゃるかもしれません。ただ、その大人にとっての当たり前が、お子さんのクリエイティビティを阻害してしまう面があることも否めないと思います。もし「食べ物を粗末にすることがない」のなら、いくらでも自由な組み合わせを楽しむことができるはずです。

たとえば理科の実験もそうです。

実際の理科室での実験には、危険がつきものです。先生がしっかり指導してくれればもちろん安心ですが、お子さん一人で好きなように薬品を使うというわけにはいきません。でも、ダメと言われるとやりたくなるのが子どもです。

そんなときも、マインクラフトの出番です。マインクラフトでなら、調合も合成もし放題。危険なガスが発生したとしても、それはデジタルの中に閉じ込めておくことができます。マインクラフトは、危険のない3D巨大理科実験室です。

他にも、お子さんが「実物大のライオンのフィギュアを作りたい」と言ったら、どうでしょうか？

「自分が住めるような家を作りたい」と言ったら、どうでしょうか？

まずは「どこで作るの？　どこに飾るの？　どこにしまっておくの？」「材料はどうするの？」という疑問が浮かんでくるのではないでしょうか。残念ながら、リアルでのもの作りにはどうしても、空間的そして金銭的な制約がつきものです。広々としたアトリエやガレージを独り占めしてもの作りに没頭できるのは、ごくごく限られた人だけです。

でも、マインクラフトの世界であれば、そうした制約を気にすることはありません。

実物大のライオンのフィギュア、作れます。象やクジラのフィギュアだって大丈夫です。

自分（のキャラクター）が住める家、城、国、作れます。

作るものが大きくなればなるほど、細部にも工夫をこらせます。家の壁はタイルにするか石造りか塗り壁か、場所によって変えるのかなど、パターンは無限に考えられます。その無限のパターンの中から、いいと思うものを試すことができます。

そのお試しは、最初からうまくいくとは限りません。作り上げてはみたものの思い描いていたものとはかけ離れていたり、作っている途中で「違うな」と感じて頓挫してしまったり。

そのときもしも「もう一度最初から作りたい」とお子さんが言ったなら……。

そうです。

マインクラフトなら「いいね、作ってごらん」と、場所のこともお金のことも心配せず、賛成することができます。せっかくの「作りたい」というお子さんの気持ちを摘んでしまわず、尊重することができます。

このことは、お子さんだけでなく、親御さんにとっても嬉しいことのはずです。マインクラフトがあれば、どんなチャレンジにも安心して「いいね」と言えるようになるのです。

インプットの視線が「漠然」から「明瞭」に変化する

マインクラフトでは、作りたいものを作りたいように作れます。最初は、一つの作品が完成したことに満足できるでしょう。ただ、作っているうちに、どんどんと理想が高くなるはずです。

もっとこんな風にしたい、あんな風にしたいと、工夫をしたくなってくるからです。その工夫は、手を動かしながら重ねることもできます。パソコンに向かって、手元のノートと鉛筆も駆使して、資料と向き合って、ああでもないこうでもないと試行錯誤するのも、マインクラフトの醍醐味です。

しかし、完成度を上げたいと思ったら、自然と変わるものがあります。それは、観察眼です。

あの人の作品はどうしてかっこいいんだろう。実際のお城って、どんな風にできているんだっけ。そうした関心が、観察眼を磨くのです。目を通してのインプットがそれまで漠然であったものから明瞭に情報を求めるようになります。

これは大人にも経験があることだと思います。

たとえば、料理。作ることに関心がなければ、食べていても「おいしいな」「口に合わないな」くらいしか、感想が浮かばないでしょう。食べてから数時間もすれば、何を食べたかすら忘れてしまいそうです。

でも、自分でも同じようなものを作ってみたいと思ったら？

口に入れる前に、じっくり眺めてみるはずです。何が入っているのか、どんな風にカットされているのか、大きさは、彩りは……。ただ食べていただけのときには休んでいたアンテナが、フル稼働するはずです。

口に入れてからも、じっくり味わってみるはずです。味、香り、舌触り、噛みごたえ。「見た目からの想像通りだな」と確認したり、「あの見た目でこの味なの？」と驚いたり、「この味……ということは、何が入っているのかな？」と推理したり……。

私は仕事でマインクラフトで教材を作るということをしています。私が作る世界には世界遺産をテーマにしたものが多いです。それは理科やプログラミングを学ぶ子どもたちに異なる教科にも興味をもってほしくて、そのきっかけとなれば良いな、ワールドに入った瞬間「なんだこのデカい建物！　すげー!!!」と最高のテンションで教材を楽しんでほしいという希望があるからです。

ですが彼らのその反応を引き出すためにはその建物たちが「なんちゃって世界遺産」であってはならないのです。プロマインクラフターとしてプライドを持って作らなければならない、その責任感と持ち前の好奇心が私を資料集めと設計図作りの奔走に駆り立てました。

自治体の図書館だけでなく国会図書館などにも足を運び、資料を集め、その資料から得た図面をドット絵に落とし込み、それをもとにワールドに建造物を建てていく。そしてその結果作ることができた様々なワールドは、今でも全国の子どもたちに楽しんでもらえています。

マイクラの中に本物を作るなら、本物の精巧な情報が必要不可欠だということです。そしてこの仕事は私にとって最高に楽しいものでした。

こうして脳を働かせるのも、自分でも作りたいという意欲があるからこそ。

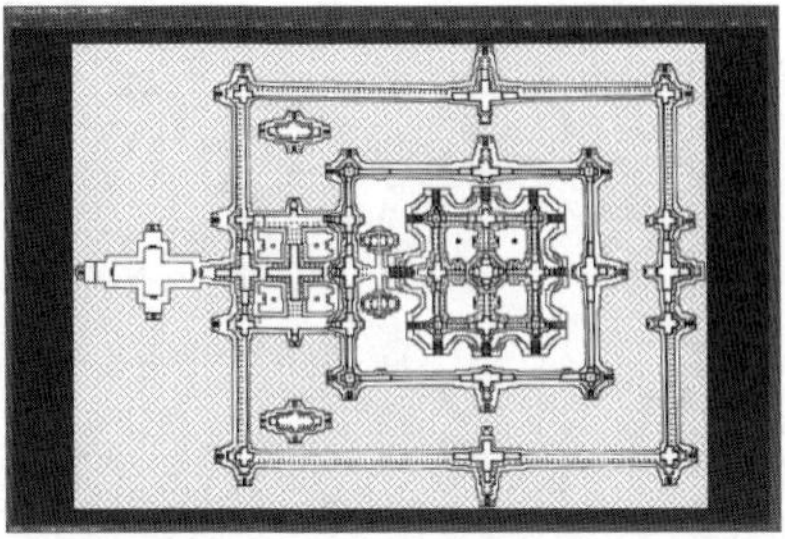

アンコールワットの制作前に作った設計図。本の図面が元になっている。

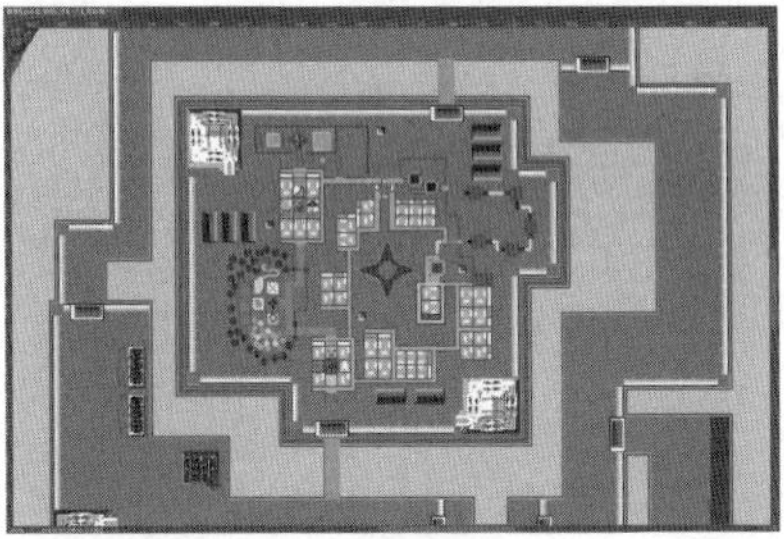

オリジナル作品「忍者城」の設計図。Adobe Photoshopで図面制作する。

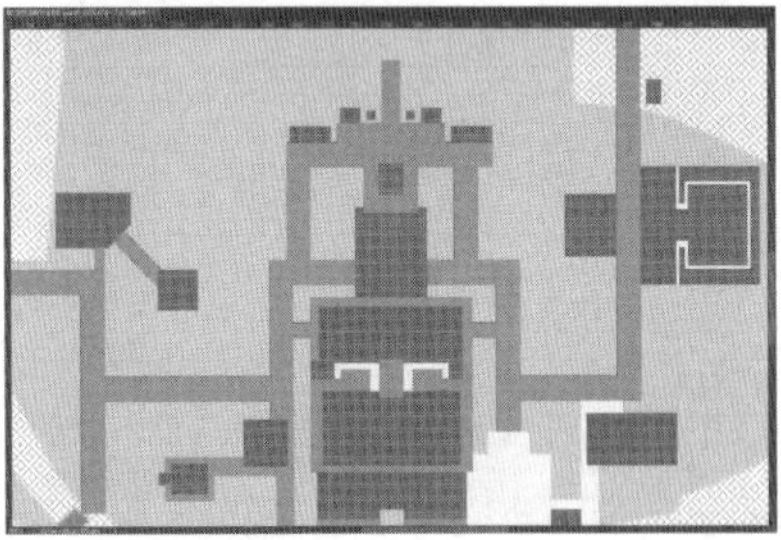

厳島神社の設計図。本の図面を参考にしながらピクセルアートで図面を作る。

マインクラフトでたくさんのものを作るということは、こうやって、頭をフル回転してインプットする機会が増えるということなのです。

そして、マインクラフトでインプットの量と質を高めることに慣れていれば、マインクラフトではない何かに挑戦するときにも、自分でもアウトプットをすることを前提にお手本を丁寧に観察することが、自然にできるようになるはずです。観察眼が鍛えられるのです。

マインクラフトは自分に自信が持てる、私もあなたも

マインクラフトなら、追加出費不要で何度でもチャレンジができて、できあがったものの展示や保管の場所を心配しなくていい。ということは、経験値をぐんぐん上げられるということです。

言うまでもないことですが、何事も、経験すればするほど上達します。うまくなるだけでなく早くできるようにもなります。最初は何時間かけても、豆腐のような直方体の家しか作れなかったのに、いつの間にか、プロのデザイナーがデザインした高級住宅のような家も、ハリー・ポッターの登場人物が住んでいそうな魔法の館も、それ

ほど時間をかけずに作れるようになります。

できなかったことができるようになるというのは、自分の可能性の広がりを実感するということでもあり、何歳になっても嬉しくて楽しいものです。

マインクラフトは、そうした嬉しくて楽しい経験をもたらしてくれます。

実際に私の子どももマインクラフトをしていて、数週間前にできなかったことができるようになるとガッツポーズをとっていて、複雑なことができるようになればなるほど嬉しいようです。

たとえばマインクラフトのプログラミングで初めてループ（反復処理）ができたときは「こんな便利なやり方があったのか！」と衝撃を受けていましたし、マインクラフトには玄武岩という岩石が存在しているのですが、まったく別な宇宙についての催しものに参加し月面にも玄武岩が存在すると知ったとき、彼の頭の中で二つの世界が一致して「知ってる！　見たことある！」と嬉しそうに話してくれたことなどなど……。6歳でありながら自分ができること、知っていることの喜びを全身で感じていたようです。

このことは、マインクラフトがうまくなる以上に、プレイヤーの心を強くします。

何度でもやり直せるマインクラフトで、場数を踏んで上達を実感すれば、「最初は上手じゃなくても、やっているうちに上手になるんだ」という事実を発見できて、それは、マインクラフト以外でチャレンジするときも、大きな自信につながるはずです。

今、何か苦手なことがあるとしても「どうせ自分にはできないんだ」とは思わずに済むはずです。「やっているうちにできるようになる！」と思えるはずです。

できなかったことができるようになるという実感は、自信に結びつきます。なぜなら、できないことがあっても〝今は〟できないだけで、そのうち、やればできるようになると考える習慣が身につくからです。できないのは自分の能力のせいではなく、〝まだ〟やったことがないか、やったことがあったとしても経験が十分ではないからだと理解できるからです。

もちろん、やっているうちにできるようになるという体験は、マインクラフトの外でもできます。でも、空間的・経済的制約のないマインクラフトほど、自信を育てるのに適した場もなかなかないと思います。

かくいう私も、マインクラフトを続けてきたことで本を書くことができた、多くの方々に知ってもらうことができた、大学の教授にまでなることができた。これ以上の自己肯定感を感じることがあるでしょうか。子どもでも大人でもマインクラフトは自己肯定感を間違いなく育んでくれるのです。

ゲームだから冒険できる、幾度の失敗を恐れず完成へ到達

いろいろなことに挑戦できる、何度でも挑戦できる、何度でもやり直せるという安心感は、失敗を恐れる気持ちを消し去ります。

実際、私もこれまでマインクラフトマーケットプレイス（マインクラフトの統合版に実装されており、世界各国のマインクラフトユーザーが作成したワールド作品などを売買することができる公式のオンラインショップ。出品するにはマインクラフトへの専門知識やシステムの理解が必要なだけでなく、ビジネスとしての業務契約や、マインクラフト公式の厳しい審査などがある）に多くの作品を出してきました。もちろんそのすべてが世界でヒットしているわけではなく、手ごたえのなかったものも当然あります。ですがそれはむしろ失敗ではなく、次に作るワールドの重要なヒントであり根拠となります。「なるほど、外国の人たちはこういうのが好みなのか。こういう

ものは文化的に理解が難しいのか」などなど、それらは貴重な参考情報となり、次につながります。もちろんマインクラフトのワールド制作においては、ここは違うと思ったところはすぐ壊していくらでも建てなおすことが可能です。しかもかかるものは時間だけで前述の通り材料費はゼロ。何度でも何度でも調整してチャレンジが可能です。

建ててしまった家の建て替え、木をすべて伐採してしまった森、更地にしてしまった山、埋めてしまった海や湖などなど。もしそれらがすべて「Undo（元に戻す）」できたら、どうでしょう。現実では膨大な時間がかかることも、マイクラではちょっとの時間で可能になります。それゆえ「失敗したらどうしよう」「どうせうまくいかないから適当でいいや」「失敗しちゃった、いいやこのままで」、そんな気持ちは子どもたちに湧いてこないはずです。むしろ納得いくまで何度でもやり直す子が必ず出てきます。

たった一度しかチャンスがないと思うと、必要以上に緊張したり、せっかくのチャレンジが怖くなってしまったりしますが、マインクラフトならそんな心配はありません。思いつきでやってみて、ダメならやり直すことができます。やってみてダメならやり直すのが、当たり前になります。

やってみてダメで、ダメをそのままにしていたら、確かにそれは失敗なのかもしれません。本当は、ダメだとわかったこともいい経験だと思うのですが、まだ小さな子どもたちに「いい経験になってるよ」と言っても、理解してもらえないかもしれません。

でも、ダメをそのままにせずにやり直して、納得のいくものが作れたら、最初の失敗は帳消しだということは、小さなお子さんでも実感できるでしょう。

帳消しどころか、その失敗があったからこその成功ということになります。

子どもたちが失敗を恐れるのは、チャンスが一度しかないと思い込んでいるからではないでしょうか。失敗は失敗のままにしておかざるをえないと諦めてしまっているからではないでしょうか。

でも、マインクラフトなら、時間の許す限りやり直せます。やり直している間に、敵に攻撃されるようなこともありません。パーツや場所が足りなくなることもありません。

そこは、無限の挑戦を受け入れるステージです。

同じ失敗をしても、気にすることはありません。繰り返しているうちに「このままではまた失敗するな」と自分で気がつくからです。そして「どうしたら失敗しないかな」と考えるようになるからです。

この発見は、子どもたちを大きく成長させます。

そして最終的に失敗をせず、作りたいものが作れたとき――。

その瞬間、とてつもない達成感に包まれるはずです。最初は失敗していたけれど、できるようになったんだと自信が生まれます。

ゲーム作りで論理的思考力を最速で体得する

うまくいかなかったとき、思うようにならなかったとき、うまくいかない原因を探りそれを一つ一つ解消して成功に近づける。手当たり次第試してラッキーな成功を狙うのではなく、意味のある試行錯誤をして正解にたどり着ける。論理的思考力とは、その力のことだと思います。

マインクラフトは、その論理的思考力を身につけ、高めるのにうってつけです。

マインクラフトでのもの作りでは「なんだかよくわからないけどうまくいく」こと

はありません。魔法は使えないのです。料理において適当に食材を混ぜたら絶品の料理ができあがる、ということがないのと同じです。料理で思い描いたような味にするには、調味料の種類、量、バランスを一つ一つ変えてチャレンジする必要があります。「いやいや、食材の下ごしらえが違うのかも。加熱は強火で短時間なのか？　弱火で長時間なのか？」いろいろな要素が複雑に絡み合っています。

マインクラフトでの作品作りもまったく同様です。特に回路やコマンドを使用したシステム作りに関しては、その顕著なものとして特筆すべきでしょう。

たとえば冒険者設定のプレイヤーがボスがいる城を見つけました。いざボス退治！と思い城に入ろうとしたら、城門の直前で扉が閉まってしまい城に入ることすらできませんでした。実はこの扉、「プレイヤーが入ってから閉まり、閉じ込めるための仕掛け」として作ったのですが、なんと失敗してしまったのです。これではゲームを始めることすらできません。さぁどうしましょうか。

ここの問題は「順番」です。本来はプレイヤーが扉をくぐった後にシステムが起動しなければならなかったものが、近づいただけで起動してしまった。どこを修正してどのタイミングが正しいのか、原因を洗い出して確定しシステムを修正し改善する。

これこそが論理的に物事を思考していくことそのものであり、もうこれはマインクラフトの中で新しいゲームを作っているに等しいことです。そしてマインクラフトで遊んでいる子どもたちの中にはこういったことを考えながらワールドを作っている子も少なからずいるのです。

教科書で学んだ論理思考をマインクラフトの中で実践的に固定化できるなら、それは大きな学びと言えるのではないでしょうか。

すぐには正解にたどり着けないかもしれませんが、だからこそ考えられることをすべて考え、順序立てて試す練習が必要になる論理思考はマインクラフトの中でも学べるのです。

マイクラで自然と身につくＩＴリテラシーと次世代技術

マインクラフトに親しんでいると、自然とＩＴリテラシーが身につきます。学ぶつもりがなくても、お作法やお約束がわかってくるのです。

今の時代の子どもたちは、デジタルネイティブです。生まれたときからインターネットもパソコンも身近に存在し、場合によっては２００７年発売のiPhoneですら、すでに生まれたときにはあったという人も多いでしょう。

そうした世代の子どもたちは、誰に教わることなく、YouTubeを再生できます。フリック入力もできるようになります。スピーカーの向こうのＡＩと、なんのためらいもなく会話できます。

ただ、デジタルネイティブでも苦手としているデジタルデバイスがあります。それが、パソコンです。

物心ついたころからタッチパネルがあった世代の子どもたちは、パネルに触って入力するのに慣れすぎていて、また、そのインターフェースもよくできているので、キーボード入力ができなくても、特に困ることのないまま、大学生や社会人になるというケースを耳にしたことがあります。そして、そこで初めて論文や書類を書くことになって、キーボードを前に頭を抱えてしまうのです。

キーボード入力というのは、ただのテクニックではありません。パソコンのようなデジタルデバイスを、クリエイティブに使うために必要不可欠な能力です。

大人の皆さんはすでにお気付きだと思います。確かにスマホもタブレットも便利ですが、それは何かを見るのに便利なのであって、長文のメールを書く、書類を作る、図版を加工する、新たに表計算をするといったような作業をするには、現時点ではパソコンが便利そして効率的です。つまり、クリエイティブな作業には、パソコン、キーボードなどが欠かせないのです。そしてパソコンでマインクラフトに触れていると、デバイス操作はいつの間にかマスターできます。

まずパソコンでマインクラフトを操作するときはキーボードを使用します。W／A／S／Dのキーで前後左右にキャラクターを動かし、スペースキーでジャンプ、Eキーで道具や資源の一覧「インベントリ」を見て、Tキーでチャットウィンドウを出し、マウスで視線を動かして右クリックでブロックを置いて左クリックでブロックを壊す、などなど……。

パソコンでマインクラフトをプレイするときにキーボードの文字配列把握やマウスを自在に動かすことは必須のスキルであるため、子どもたちはワールドの中で生きて活動をするためにその技術を半強制的に体得していくのです。

習うより慣れよ、それがマイクラでは実現可能なのです。

キーボード操作に加えてもう一つ、先取りできる体験があります。

それは、メタバース体験です。

メタバースとは、アバター（キャラクター）が活動する仮想空間で、今このときも様々なワールドで会議や商談、学術的活動やエンターテインメントが行われています。私もメタバースの空間でマインクラフトの学術講演会などの活動を行っています。

仮想空間と聞いて身構える方がいるなら、その人はもしかしたら3D空間のゲームをしたことがなく、どことなく怖さを覚えている方かもしれませんが、そんな心配はマインクラフトでは無用です。

そして、マインクラフトも仮想空間です。仮想空間といえば最近よく耳にするのが「メタバース」ですが、メタバースは多くの人がアバターとなって参加して、コミュニケーションをはじめ様々な活動ができる三次元空間をさします。

メタバースが実現する条件として、空間性・自己同一性・大規模同時接続性・創造性・経済性・アクセス性・没入性の七つがありますが（『メタバース進化論』技術評論社、バーチャル美少女ねむ著）、空間性・自己同一性・大規模同時接続性・創造性・アクセス性・没入性の六条件をマインクラフトは満たしており、唯一経済性を除くほとんどのことを経験できます。マインクラフトの経験があれば、いざメタバースにログインするとなっても戸惑いはないはずです。マインクラフトはメタバースの練習場としてうってつけなのです。現時点でマインクラフトにおいては経済活動をワールド内などで行うことはありませんので、もし何か失敗をしたとしても大金を失う心配はありません。もちろん、命を落とす心配もありません。

好きなことだからこそ、いつまでも経験値を得続けられる

初めて自転車に乗れたとき、初めて逆上がりができたとき、初めて外国語で意思疎通ができたとき、初めてスマホの電子決済を使ったとき。

それまでできなかったこと、やったことのなかったことができたとき、それができたという喜びは、抑えても抑えきれないものだと思います。特に電子決済などは、やってみればどうってことないはずなのに、どこか身構えていた自分のことがおかしくなったりもします。そして、自分に自信がつきもします。

マインクラフトでは、たくさんの初めての経験ができます。たくさんの失敗もできます。たくさんの失敗を乗り越えてやりとげることもできます。

大なり小なりたくさんの「やればできるんだな」を味わえます。

もちろんマインクラフトの外の世界でも、達成感を味わえるチャレンジはたくさんあります。

自分の作り上げたワールドに友達を招待したい、自分の世界を楽しんでほしい。それはクラフターであれば誰でも思う最初の外へのアプローチです。

そのためにマルチプレイのやり方を調べることになるのですが、必ずうまくいくかというと決してそうではありません。

統合版であればフレンドの設定やワールドの設定と様々なことを調べて試して、そして失敗して試行錯誤することが必要になります。Ｊａｖａ版はもっと複雑で、サーバーを構築してポート開放やネットワークの設定をしてＩＰアドレスを共有してなど、専門的な知識が必要となります。

それはネットを調べると実はあちこちに書かれていて、ほとんどの情報が無料で手に入ります。ですが子どもだけではネットを自由自在に調べることはできません。ここで大人の出番です。ネットで検索することが自由にできる大人の力を発揮して一緒に調べてください。そうすれば「ネットの正しい調べ方」を親の背中を見て学んでいくことでしょう。

そして調べて出てきた情報が本物か偽物か、信頼できる情報かどうかを正しく判断すること、さらに最新情報かどうかもきちんと判断する。これもぜひ大人が力を貸してあげてください。

「メールアドレスを登録するところがあるけど、うっかり書き込まないようにしようか」「ちょっと怪しいウェブサイトにリンクされているから、すぐクリックするのはやめておこうか」「信頼できる人にまずは聞いてみようか」など、まさにネットリテラシーの授業のようではありませんか。

そうして一つ一つ経験を積み上げ、自分の機材環境やネット環境に合うように作り変え、ついに苦労した先に開放できた自分のマルチサーバー。そのワールドで目の前に友達の姿が初めて現れたとき、その成功の喜びと達成感は何ものにも代えがたいものになっているでしょう。

そしてもっと多くの人にワールドを公開したい、そんなことを考え始めたらさらに情報が必要になります。サーバー内を安全に保守する方法を調べなければなりません。悪意のあるユーザーがサーバーに来てしまったときのリスクマネジメントを考えたり対策をしたりすることも必要です。

世の中にはいい人ばかりではない、悪意をもって動く人もネットの向こう側にはいるから、最後まで楽しめるように力を貸す。これも大人ができることの一つかもしれません。

さらにもっとレベルが上がれば、参加費を徴収して健全な運営を目指したりもできます。マインクラフトはサーバーを運営して利益を上げることを認めてくれている稀有なゲームです。もし会員が毎月５００円程度の参加費を支払って遊ぶサーバーを運営するとしても、単純計算で１０００人程度の会員がいれば毎月50万円の売り上げが発生します。ちょっとざっくり計算ですがサーバー運営費や電気代諸々が原価50％としても毎月25万円の収益となります。もう立派に食べていける仕事になっています。その代わりサーバーの保守管理のレベルはこれまでよりも高いものを求められるため、それを可能にする知識を集めなければならないことは言わずもがなです。

もうここまで来ると完全にビジネスの領域ですが、最初から変わらないのは「私のワールドを広く多くの人に楽しんでもらいたい」という願いです。

そのために多くを調べ吸収し実践して試行錯誤してという過程を何度も何度も繰り返し、そのたびに確実に経験値を得ていく。

これこそ探求であり成長そのものではないでしょうか。

できなかったことができるようになり、自分の願いを叶えるべく知識や技術を高め続ける人は、いつかきっと立派に身を立てることができる。マインクラフトにはその夢を叶えられる可能性があると言えるでしょう。

地域格差がなくなり、地球の反対側に住む人と隣人になる

マインクラフトはアメリカではなく、白夜と極夜があるスウェーデンで生まれました。でも、スウェーデン生まれであることを意識して遊んでいる人はほとんどいないと思います。どこの国にいても、同じように楽しめるのがマインクラフトだからです。

今、日本では多くのものが東京に集まっています。コロナのせいで一時期少なくなったとはいえ、リアルのイベントはたいてい東京などの大都市で開かれます。もし海外のアーティストが日本の一つの場所でだけライブできるとなったら、きっと大都市を選ぶでしょう。人口が多いのだから当然だと思います。その結果、都市部やその近

郊に住んでいる人は日帰りでライブを楽しめます。地方からだと泊まりがけになるでしょう。

東京に住んでいれば気軽に出かけていける上野動物園やしながわ水族館、ＪＡＸＡ筑波宇宙センターや相模原キャンパス、江戸東京博物館や国立科学博物館、国立西洋美術館、国立新美術館なども、地方から行くとなると旅行です。こうした場での体験の有無は、どうしても住んでいるところに左右されます。

しかし、マインクラフトはパソコンとソフトとインターネット回線さえあれば、どこでも楽しめます。東京だろうと、私の出身地の青森だろうと、関係ありません。アメリカでもヨーロッパでもアジアでもアフリカでもオーストラリアでも、どこに住んでいても、おそらく南極大陸の基地であっても同じように楽しめます。

統合版マインクラフトには無料で遊べるサーバーが登録されています。いつでも海外の会社が運営している安全なサーバーにログインしてそこで遊んでいる人たちと一緒にマイクラを楽しむことができます。

もちろんそこは英語圏の人たちのほうが割合としては多いでしょう。飛び交う言語は英語です。そこで勇気を出して「Hello. I'm a Japanese Minecraft user!」とチャットしてみましょう。もしかしたらそこでかけがえのない生涯の外国の友人ができるかもしれません。

もちろんここでも前述のように大人はそばで見守ってあげてください。一緒に遊んでいる相手が現実でも親しい友達であれば安心ですが、そこで初めて会うネットの向こう側の人が必ずしも「いい人」である保証はありません。そこはネットのことをよく知っている大人がぜひとも力を貸してあげてください。

かつて私は自分の公開サーバーを運営しながら夜中にマイクラの生放送をしていたとき、たまたま南米のユーザーが見学に来てくれたことがありました。お互いたどたどしい英語での会話でしたが、私が建築した日本の城を見て感激してくれたり、「こっちの国はいま朝だよ、これから仕事に行くんだ」というような話もしてくれたりしました。そのユーザーの方が去る際に「Enjoy your work! have a nice day!」と言って送り出したとき、マインクラフトが世界基準であることを実感しました。

もう10年近く前の話ですが、そのときの盛り上がりは今でも鮮明に覚えています。

インターネットのなかった時代に青森に生まれ育った私にしてみれば、これは、夢のような環境です。どこに住んでいても、マインクラフトという広大な砂場には、誰もが同じようにアクセスできるのです。最高です。

最近国内では富山、鹿児島、沖縄などでもベンチャー企業やＩＴ企業が誘致されて、子どもたちにとってＩＴが身近になってきています。

どこに住んでいても、親御さんの考え方一つで、お子さんと世界は地続きになるのです。

もちろん、オフラインのライブなどでは都市部が有利です。大きな博物館や美術館もそうです。これは今も変わりません。でも、東京に住んでいてもそういったチャンスに無関心な人もいます。オンラインイベントにすら参加しない人もいます。

そうした人たちに比べると、オンラインで貪欲に活動する人は、住んでいる場所を問わず、どんどんと経験を積んでいくことができます。失敗できます。やり直せます。やり通せます。自信を育めます。

むしろ今は、インターネットに触れるか触れないかのほうが、自己肯定感の醸成を大きく左右すると言ってもいいのかもしれません。

どこに住んでいるかより、お子さんが何に触れるのか。親御さんが何に気付いて、お子さんに何を見せるのか。その差が、将来を大きく左右する時代がやってきています。

頼もしい仲間と共同作業の面白さを体験できる

マインクラフトは一人でも楽しめます。友達とも楽しめます。家族でも楽しめます。そして、マインクラフトで出会う人とも、一緒に探検したり、ものを作ったりできます。マインクラフトには、集まって遊ぶことを前提としたワールドも用意されています。第1章で、最初にワールドを作るとお伝えしましたが、そのワールドはいわば自宅の庭の砂場です。そこで遊べるのは自分だけです。

一方で、集まることを前提にしたワールドは、公園の砂場のようなもので、その公園で遊びたい人が集まってきます。先にも出てきました自分で公園の砂場を運営する「マルチサーバー」もできます。

そのオープンなワールドには、知らない人もいます。でも、そこで一緒に活動していると、ときには会話をしてみると、自分と同じようなことをしようとしている人、自分にはない視点を持っている人、自分では想像もしなかったような遊び方をしている人、いろいろな人がいることに気付きます。

そうです、公園の砂場と同じです。

その公園の砂場では、たまたまその場にいる人と一緒に遊べます。その人と気が合うなと思ったら、待ち合わせもできます。

それと同じように、オープンなワールドでも仲間ができます。すると、一人では難しかったようなことも、力を合わせてできるようになります。一人では時間がかかるはずの大作にも、勇猛果敢に挑めます。

前述にありますが、ＳＮＳのハッシュタグなどで集まった仲間たちでイベントを企画したり、大会を行ったりというユーザーイベントが盛んなのもマインクラフトの特徴です。膨大なユーザーが世界中にいるからこそ、すぐ近くに同じジャンルが好きな仲間が実はいたりするのです。

コミュニティによっては定期的にイベントを開催したりしているので、そこに飛び込んでみるのもお勧めです。どういう活動をしているコミュニティなのか、どういった年齢層なのか、どういう人が活動をしているのか、などはメンバーのＳＮＳなどを見ればある程度は把握できるので、信頼できるコミュニティを見つけていきましょう。もちろん初心者だからと心配しなくてもいいことは前述の通りです。勇気を出して飛び込んでＯＫです。

私も登録者数、実に百万人を超える人気ユーチューバーグループ「ドズル社」に所属するメンバーの一人、おおはらＭＥＮさんが企画した建築勢仲間による長時間建築企画に参加したことがありますが、６時間という長時間で一緒に一つの世界を作り上げていく共同作業は仲間意識が本当に強くなります。そこでグッと仲良くなった若い彼らとは、プライベートでキャンプしたりご飯食べたり遊んだりするようにもなりました。

私にとっては様々な年代の建築勢の仲間と一緒に、無心で遊ぶことができたかけがえのない楽しかった思い出の一つです。

ソフトウェアの世界をよくご存知の方には釈迦に説法になりますが、プログラムを作るときには、「人月《にんげつ》」という単位を使います。何人のプログラマーで何か月間作業するか、という意味です。一人で一か月作業するなら一人月、二か月間なら二人月です。

面白いのは、一人で二か月間でも、二人で一か月間でも、二人月になることです。つまり、人が増えれば期間は短縮できるということです。これはコンテストや大会などで非常に役立つ作品の制作手段の一つと言えるでしょう。

当たり前のことかもしれませんが、子どものうちはこれを実感できる場はなかなかありません。なのでマインクラフトでの仲間と力を合わせることで、工期を短縮するという経験は、先々で活きてくるはずです。

教育研究でも実証された、相手に伝わるコミュニケーション能力

仲間と行動するのと一人で行動するのとで決定的に違うのは、そこにコミュニケーションがあるかないかです。

当たり前のことですが、自分と他人では考えていることが異なります。同じ目標に向けて頑張っている仲間同士でも、だいたいの考えは一致していても、細部で意見が対立することもあります。誰かと一緒にマインクラフトで遊んでいると「どうしてそ

んなことするの」「こうしてほしいのに」などと思うことも出てくるはずです。

そうしたとき、マインクラフトは相手の気持ちを害することなく自分の思いを伝えるという、コミュニケーションの実践の場となります。

こうしたコミュニケーションの必要性は、家族や普段一緒に過ごす友達の間では、あまり感じないものです。なぜならお互いのことをよく知っている、いわゆる「ツーカー」の仲だと思いがちだからです。一を言えば十わかってもらえる、言わなくても伝わる以心伝心の関係だと人はつい思ってしまう。でも、マインクラフトでつながっている相手とは顔が見えない場合が多い。そのため簡略化したコミュニケーションは成り立ちません。

ですから、そもそも、自分は相手にどうしてほしいと思っているのかを確かめ、どうしたらその思いを相手に理解してもらい、賛同してもらえるかを考え、実践することになります。または、相手の言っていることを受け止め、理解し、質問したり提案したりして、方向性を決めていくことになります。

マインクラフトは小さな社会、現実の世の中の縮図でもあるので、ここでコミュニケーションを学ぶことはとても有用だと思います。

私はマインクラフト教育の実践の一つとして、茨城県のつくばで特別支援教育に従事している山口禎恵教諭と共同で研究実践を行ったことがあります。それは「自閉症やＡＤＨＤなどの通級指導教室の児童生徒にマインクラフトを使用してコミュニケーションをとる力や協働する力の向上を目指す」というものでした。この研究実践は大成功し、多くの子どもたちにコミュニケーション能力の向上が見られた実践となりました。私のYouTubeチャンネルにこの研究実践の詳細を解説した動画や報告書がありますので、興味のある方はぜひ読んでみてください（下記ＱＲコード参照）。

コミュニケーションとは、決して、立て板に水で一方的に話すことではありません。伝え、受け止めて、違いを知った上で、物事を前に進めることです。

マインクラフトはそれを育んでくれる場所になりうるのです。

ルールが作れると秩序が整い、社会貢献ができる

たいていのゲームは、ルールに従って遊びます。ゲーム機やパソコンで遊ぶゲームだけでなく、ハンカチ落とし、だるまさんがころんだ、サッカー、将棋にだってルールがあります。ルールがあるからゲームなのです。

マインクラフトの場合はプラットフォームなので、こうしたら点が入るとか勝ちだとかいったルールはありません。だからどんな遊び方をしてもいいのですが、仲間ができて、そこにコミュニケーションが生まれると、秩序も必要になってきます。一人で遊んでいる砂場なら、どんな風に陣地を広げてもどこに水を流してもかまわないけれど、他にも遊んでいる人がいる場合は、お互いに気遣い合うのと同じです。

そうして、仲間が増えていくと、自ずとルールが生まれます。生まれますと書きましたが、作るというほうが適切でしょう。自分たちでルールを求めるようになるのです。

それはたとえば、大きなことを決めるのは仲間が全員そろっているときにしようとか、新しい仲間は全員に紹介しようとか、そんなことかもしれません。

もしかするとそれは、お子さんにとって、初めて自分たちで作るルールになるので

はないでしょうか。

そして自分たちで作り上げたルールが一つの世界を作り、さらにその世界にもルールを設け、新しいゲームを作ることができたとしたら——。実はもうすでにそのような実例が存在しています。

2023年、東京にある巣鴨学園巣鴨中学校で行われた文化祭。そこでは学生の皆さんが世界文化遺産・唐招提寺を再現建築したワールドで鬼ごっこができる、そんなイベントを開催していました。私は何度かアドバイスをさせていただいたのですが、完成したワールドのクオリティは高く、そしてそのイベントを体験した小学生たちは口をそろえて楽しかったと興奮していました。こんな楽しいことができるなら、イベントを体験した小学生たちは近々ワールドを作った彼らの後輩になるかもしれません。

集団の中にルールが生まれ、さらにそのルールが成長しワールドの中に秩序をもたらし、誰かを楽しませるエンタメにまで昇華した素晴らしい実例だったと思います。

私たちは大人も子どもも、ルールが与えられていることに慣れています。特定のルールを守る必要性も理解しています。でも、ルールを作るという経験は、あまりしていません。だから、どんなルールならみんなに守ってもらえるかを考える機会がありません。

だからこそルールを作るという経験はとても貴重ですし、自分たちで作ったルールの下で運営されている場に対しては「自分の居場所」という意識を強く持てるはずです。

自分だけのおもちゃ箱や自分だけの部屋と同じように、自分（とお友達）だけの空間があることは、お子さんに自主自立を促します。

また、自分でルールを作ることで、ルールの大切さを改めて実感できますし、ルールのないところにはルールを作ればいい、ルールが現状に合わなくなったら作りかえればいいという、柔軟な思考を持つことができます。

この発想は、欲しいものがなければ作ればいい、働きたい会社がなければ作ればいいといった具合に、自分の可能性を広げることにもつながるでしょう。マインクラフトでは、ただただもの作りをして遊んでいるようでいて、並行して社会に出て役立つことを学べるのです。

第3の居場所でプロジェクトを立ち上げ社会をサバイバルする

少し前から、「サードプレイス」という言葉が世の中で使われるようになりました。働く大人には家と職場以外の、第三の場所が必要だというわけです。そこで、家族でも上司や同僚、部下でもない人たちとつながることで、人生が豊かになる。そんなことが盛んに言われていたように記憶しています。

このサードプレイスは、子どもたちにも必要です。むしろ、子どもたちにこそ必要だと私は思います。

子どもたちの見ている世界は、大人が暮らしている世界に比べると、とてもとても狭い世界です。家と学校がすべてというお子さんも少なくないでしょう。すると、家族と衝突したとき、学校の友達と喧嘩してしまったとき、強く孤独を感じてしまいます。自分を理解してくれる人はいないと思い込んでしまったり、世界中どこへ行っても、家族や学校の友達のような人しかいないと決めつけてしまったりします。それが、子どもたちの絶望につながってしまうこともあると思います。

ですから、「君が今いる世界は、現実の世界のほんの一部でしかないんだよ」とわかってもらうためにも、家でも学校でもないサードプレイスで、家族でも学校の友達でもない人と出会い、交流することが、どうしても必要だと思うのです。

問題は、そのサードプレイスをどこに求めるかです。一般的なSNSも候補ではありますが、実名で行うとなると学校の友達と地続きであることが多いです。匿名の場合は、悪意ある大人と接してしまう可能性もあります。

その点、マインクラフトは、マインクラフトという共通の趣味を持つ仲間の集まるサードプレイスになりえます。

さらに、リアルでも世界を広げることができます。マインクラフトというデジタルプラットフォームを経由することで、リアルなプラットフォームも広がるのです。

マインクラフトを始めると耳にすることもあると思いますが、マインクラフトの界隈では、マイクロソフトが特別パートナーを務めるMinecraftカップを筆頭に、マインクラフトをテーマにしたコンテストやイベントがたくさん開かれています。近所の図書館で、マインクラフト体験教室が開かれていませんか？　地域で気軽に参加できるコンテストはありませんか？　ぜひとも探してみてください。

そういったコンテストに参加すると、必然的に作品を作ることにチャレンジできる機会に恵まれます。そうなると第3の居場所で仲間を作ることができる。さらにその仲間たちと作品を作る計画をして仲間と協力して考え、協働してワールドを作り、ときに意見の相違で戦い合い、そして譲り合いを覚え、完成品をプレゼンし世の中に自分たちの考えを問い、次の計画へとつないでいく。

これはプロジェクトマネジメントそのものではないでしょうか。学校でも家庭でもなかなか経験できない、そして社会生活ですぐに活用できそうな能力の訓練を仲間たちとできるのです。これは、未来ある子どもたちにとって、きっと貴重な経験となるはずです。

マインクラフトを楽しんでいれば、そうしたイベントに参加することができて、自分のようにマインクラフトに夢中になっている子どもや大人が大勢いるんだと知ることができます。世界が一気に広がるのです。もしもお子さんが今の環境に息苦しさのようなものを感じていそうなら、マインクラフトは息継ぎのためのスポットに、そして成長のきっかけになりえます。

マインクラフトは豊かに生きるための術を身につけられるプラットフォームとなる

こともでき、また、ときには苦しいこともある人生をサバイブするためのプラットフォームにもなりえるのです。

第3章

マインクラフトで教えている学校と塾の実態

子どもの姿勢・スキルの向上にマインクラフトはうってつけ

そんなにマインクラフトが子どもの教育に良いのであれば、学校で導入すればいいのではないか？

そう思われた方もいるかもしれません。

実はすでに、教育の現場でもマインクラフトは活躍中です。

私が小中学生だったころと、今の世の中はだいぶ違います。この何十年かの間に、いろいろなことが大きく変化しました。学校という教育の現場も、大きく様変わりしました。

私が義務教育を受けていた昭和の終わりから平成にかけては、授業と言えば先生が教えるもの、子どもたちはそれを聞くものというのが当たり前でした。知識は常に一方通行で、質問をするのは先生、それに答えるのが子どもというような役割分担もされていました。

しかし、今の子どもたちが受けている授業は、もっとフリースタイルです。知識は、先生から教わるものだけではありません。アクティブ・ラーニングが導入されて以降、子どもたちは自分から知識を獲得することを学んでいます。ただおとなしく先生の話を聞いているだけではダメで、自分の立てた問いを自分で解く力が求められているのです。

さらに、親世代が学校では教わらなかったことも、今の子どもたちは学んでいます。情報という科目がありますし、プログラミングも学んでいます。

親が学校で教わらなかったアクティブ・ラーニングという学習方法と、プログラミングというスキルを、子どもたちは日々、学んでいるのです。そしてこれらの教材の一つとして、マインクラフトはうってつけなのです。

ここで、マインクラフトが本当に子どもたちの教育効果や能力向上、成長につながるというデータを紹介します。

前述した子どもたちによるマインクラフトの大会、「Minecraftカップ2022全国大会」において、ルーブリック評価（学習の達成度を表を用いて測定する方法。主に縦軸は評価の観点が記載されており、横軸には各観点の到達度を示し、各々の観点に基づく評価基準を導き出すことができる評価方法）をベースに参加者へのアンケート調査を行いました（以降「Minecraftカップ2022全国大会ルーブリック調査」を参考に説明）。この調査では「次世代人材」に求められる要素として、次の九項目の姿勢・スキルを設定しています。
・自分事化、好奇心、自己理解、発信、自律心（姿勢五項目）
・科学数学的リテラシー、表現力、論理的思考、デザイン思考（スキル四項目）

調査方法としては、この九項目ごとに変容が表れる質問を複数用意して、まず大会にエントリーした児童から任意のアンケートを実施し（１５２５名回答）、さらに作品応募完了時に任意のアンケートを実施（３６０名回答）しました。よって前後での回答をした児童２９０名を調査対象としています（ジュニア部門［小学校低学年］１１２名、ミドル部門［小学校高学年］97名、ヤング部門［中高生］81名）。

測定結果を見てみると（図1参照）、参加者全体の変化では、姿勢として、好奇心、発信、スキルでは、科学数学的リテラシー、表現力、論理的思考の成長度が向上したと言えるでしょう。

また、ジュニア部門（小学校低学年）、ミドル部門（小学校高学年）、ヤング部門

図1　応募前後の全体の変化

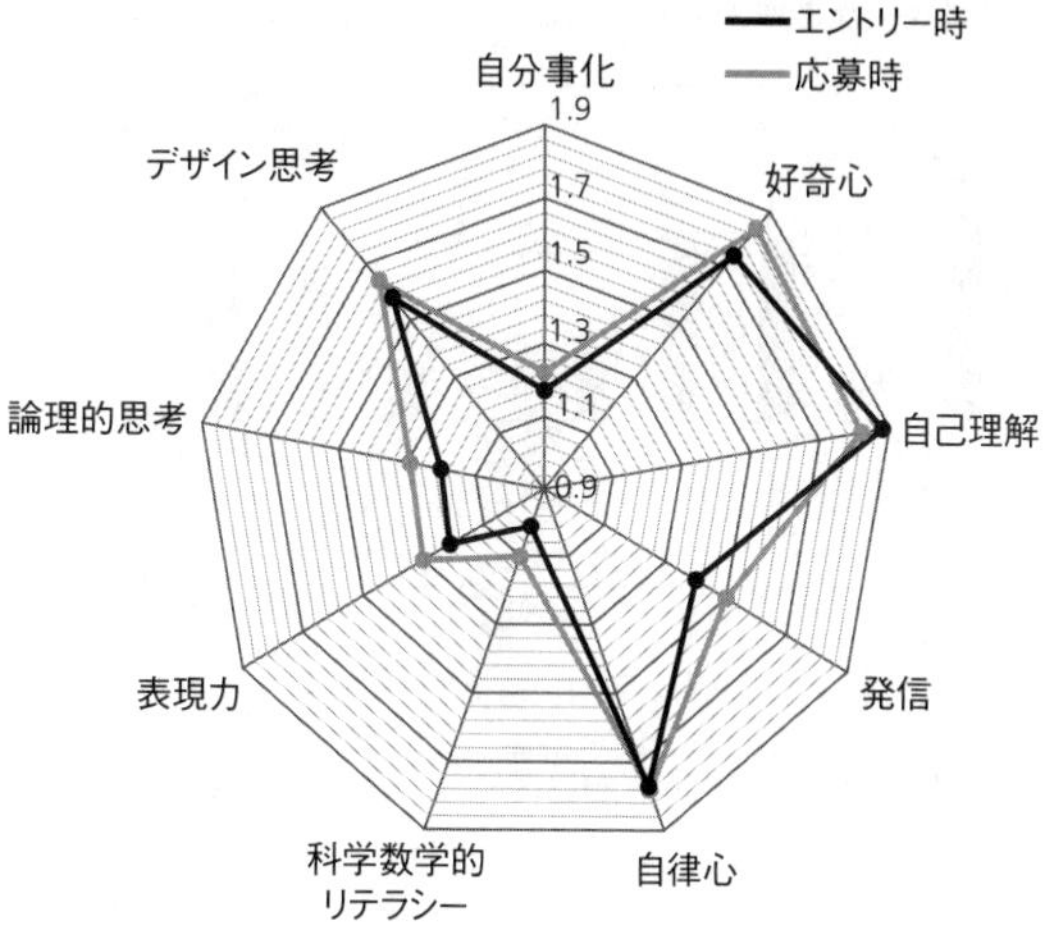

	エントリー時	応募時	成長度の増減
自分事化	1.17	1.22	0.05
好奇心	1.74	1.84	0.10
自己理解	1.88	1.82	-0.06
発信	1.40	1.50	0.10
自律心	1.77	1.78	0.01
科学数学的リテラシー	1.01	1.10	0.09
表現力	1.21	1.30	0.09
論理的思考	1.20	1.29	0.09
デザイン思考	1.58	1.64	0.06

「Minecraftカップ2022全国大会ルーブリック調査」をもとに作成

図２　年齢における成長度の違い

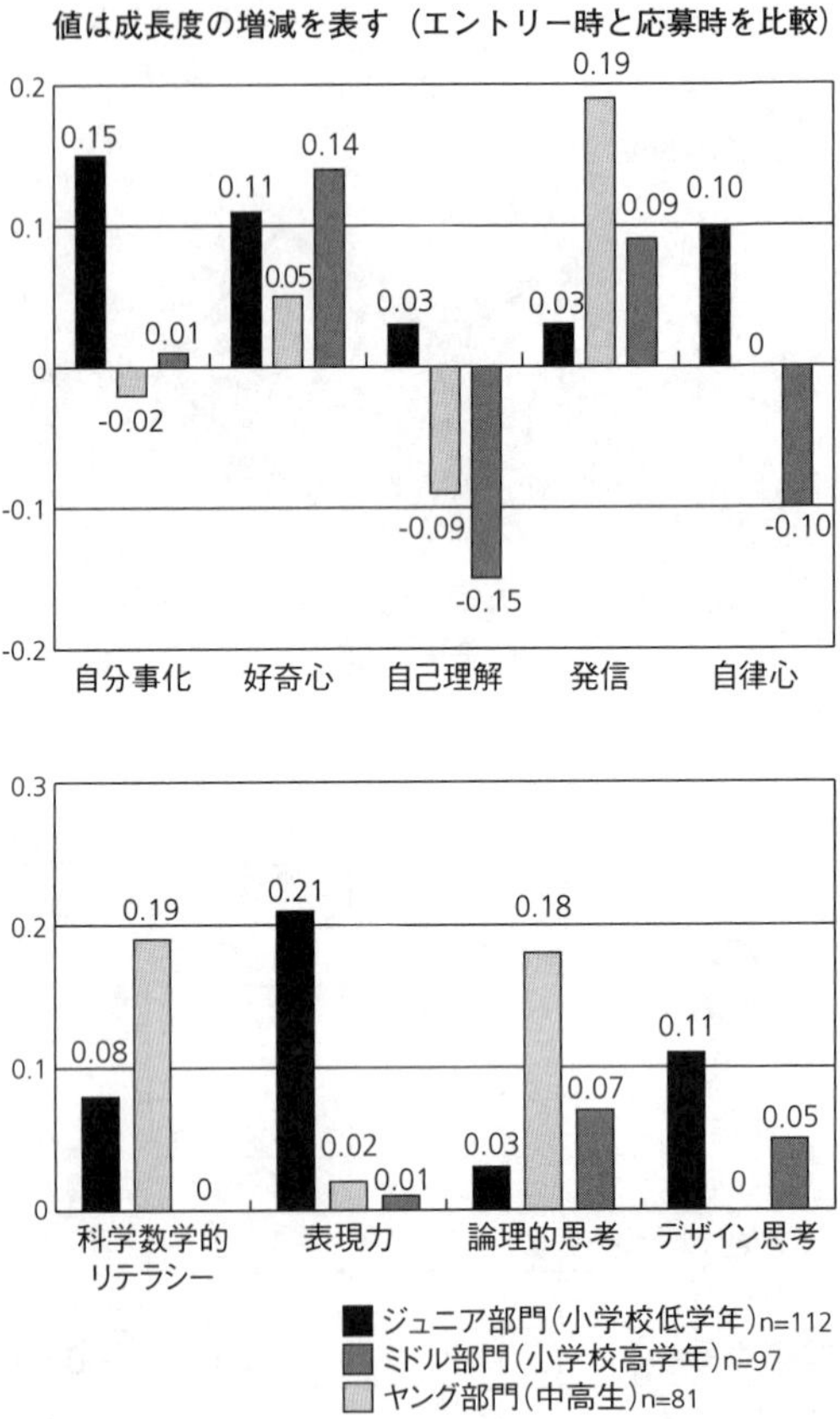

値は成長度の増減を表す（エントリー時と応募時を比較）

「Minecraftカップ2022全国大会ルーブリック調査」をもとに作成

（中高生）と、年齢によって成長が見られる姿勢・スキルに違いがあり、小学校低学年では、自分事化、表現力、小学校高学年では、発信、科学的数学リテラシー、論理的思考、中学生以上では好奇心の成長度が向上しました（図2参照）。

学校の教科の学習に加え、このような論理的思考やリテラシー学習、非認知能力などを含めた様々な学びの向上変化を見ることができる活動を、課外学習などで取り入れるメリットは決して少なくないのではないでしょうか。

前述の要素がこれからの時代に重要であると多くの教育現場でも認知されつつある今、子どもたちに挑戦させてみる価値は大いにあると私は考えています。

すでに行われているマインクラフトを活用した授業

すでに日本でも、マインクラフトを教材としている学校がいくつもあります。

たとえば、今から5年以上前の２０１７年にはプログラミング的な考え方を学ぶため、高知や徳島のいくつかの公立小学校で実証が行われています。子どもたちは見慣れたゲームのような画面を前に、キャラクター（エージェント）に命令をして動かすことで、プログラミングの基本を学びます。思い通りに動かなければ命令が間違っているということなので、ではどこが間違っているのかを、自分で考えて試すというわけです。

他にも、2020年に茨城県鹿嶋市の市立小学校でやはりプログラミングを学ぶための教材としてマインクラフトが使われました。

また、マインクラフトはプログラミング以外の授業でも教材として活用されています。

2015年ごろには東京都多摩市の市立小学校で、怪我をしない安全な街とはどんな街かを、マインクラフトで学んだという記録が残っています。科目で言えば、社会と体育の融合領域と言えるでしょう。

2017年には京都府亀岡市の市立小学校の社会の授業で、歴史の各時代の生活を再現するツールとして使われたことがあります。

こうした授業は、マインクラフトがなくてもできるのだろうと思います。しかし、親しみがあり、自分のペースでトライ&エラーができるマインクラフトだからこそ、子どもたちの興味をぐっと引きつけるのでしょう。

お気付きかと思いますが、ここまで挙げた小学校はどれも公立の小学校です。マインクラフトを授業に取り入れている公立の学校は、まだまだ少数派でしょうから、どの取り組みも、研究熱心な先生方、そして理解ある親御さんあってのものだと思います。公立の小学校は私立に比べて自由度が低いという印象がありますが、公立でもここまでできるのです。これはつまり、取り組む学校と取り組まない学校の差が開く可能性があるということでもあります。

では、先端を行く学校は今、どこまで行っているのでしょうか。

ここからは、私立の学校、そして、学習塾ではどんな取り組みがされているのかについて、当事者に話を聞いていきます。

まず、先駆者の一人である京都市の立命館小学校の正頭英和《しょうとうひでかず》先生です。英語科の先生として英語、そして、ICT担当者として情報の授業にマインクラフトを活用し、2019年には「教育界のノーベル賞」と呼ばれるGlobal Teacher Prizeのトップ10にも選出されました。

正頭先生がどんな風に授業にマインクラフトを使っているのか。ここからはインタビューをお楽しみください。

タツナミが聞く！　インタビュー①

正頭《しょうとう》英和《ひでかず》氏（立命館小学校教諭）

京都市公立中学校、立命館中学校・高等学校を経て現職。「英語」に加えて「ＩＣＴ科」の授業も担当。２０１９年、「マインクラフト」を活用した課題解決型授業が評価され「教育界のノーベル賞」と呼ばれる「Global Teacher Prize（グローバル・ティーチャー賞）」トップ10に、世界約１５０か国・約3万人の中から、日本人小学校教員初で選出される。

マインクラフトは調べたい・作りたい・試したいを満たせる場所

――正頭先生からご覧になって、子どもたちはマインクラフトの何を楽しんでいるのだと思いますか。

正頭氏　小学校から中学校くらいまでの子どもたちの、学びについての欲求は、調べたい・作りたい・試したい、この三つくらいなんです。高校生になると、ここに商売したいが加わって、だから文化祭で模擬店を出すようになるのですが、中学生くらいまではこの三つが中心です。では、これまでの子どもたちは調べたものを何で作ったり試したりしてきたかというと、たとえばレゴです。でも、レゴは物理的なパーツやスペースが必要だし、親に片付けなさいと言われるし、だから、レゴで作りたい・試したいと思ったものを最後まで作って試せたという例はほとんどないと思います。その点、マインクラフトは、ブロックも空間も無限。踏んで痛い思いをすることもありません。子どもたちの欲求をうまく満たしてくれるツールです。

――正頭先生は、もともとは英語の授業でマインクラフトを使い始めたんですよね。

正頭氏　そうです。マインクラフトを教えるのではなく、英語の授業にマインクラフトを取り入れました。ただ、その2017年当時、私自身はマインクラフトのことをよく知りませんでしたし、あまり面白いとも思えていませんでした。なので、教室で「マインクラフト」と発したときの子どもたちのリアクションには驚きました。マインクラフトの認知度、人気をそのとき初めて知ったのです。そこで子どもたちに、どうしたらマインクラフトを英語の授業に取り入れられるかを考えてもらい、出てきたアイデアが「海外の子どもたちに、京都を知ってもらう」というものでした。そのアイデアが出てきて初めて、私は子どもたちが「京都には確かに外国人観光客が多いけれど、大人ばかりで子どもがほとんどいない」と感じていることを知りました。

——なるほど、何をするかも子どもたちのアイデアでスタートしたのですね。

正頭氏　はい、そうでした。子どもたちはグループに分かれて、意見交換をしながら、マインクラフトで金閣寺などの名所仏跡を建築していきます。英語の授業なので、グループ内での会話は英語のみ。すると、言いたいのに言えない、聞きたいのに聞けないという状況になります。子どもたちはそこで「これを英語でなんと言うのか知りたい」「どうやったら表現できるかを知りたい」となるのです。

——自分から英語を学びたくなるんですね。

正頭氏　そうです。そして、そうやって覚えた単語や表現は、なかなか忘れません。

——すると、一人でではなく、コミュニケーションが必要になるグループで建築するというのがポイントですね。

正頭氏　そのとおりです。特に「これは違うかな」「こっちがいいよ」といったやりとりは、何かを作り出すためのコミュニケーションでしか発生しえないものだと私は思っていて、それを子どもたちに経験してほしいのです。一緒にもの作りをしていると、「こっち」とか「こんな」とか、普段使っているような抽象的な言葉ではコミュニケーションが成り立たないことがあります。だから、言葉の解像度を上げざるをえません。グループでもの作りをしていると、それが自然にできるようになるのです。マインクラフトというと、プログラミングや回路などが注目されがちですが、私はコミュニケーションのきっかけとして捉えています。

——マインクラフトというゲームを授業に取り込むことに、保護者の方から反対はありませんでしたか。

正頭氏　それが、一切なかったですね。理解をいただいていたのだと思いますし、そもそも〝ゲームは悪〟ではないですよね。それは〝人間は悪〟というくらい大雑把にすぎる話ですし、それに、ゲームだからこそ子どもたちにとっては気軽に取り組めます。そこが、一般的なデジタル教材とマインクラフトの大きな違いでもあります。

——今は英語だけでなく情報の授業でもマインクラフトを使っているそうですが、どんな風に進めているのですか。

正頭氏　今は、三段階に分けています。第一段階は、こちらが指定したものを正確に再現しましょうというもの。「自由度ゼロ」と呼んでいる段階です。第二段階は、すでにあるものを作りかえるというもの。たとえば、以前ワークショップでタツナミさんと一緒に作った廃校の中身を自由に作りかえるようなもので、自由度で言えば50%。そして、第三段階は自由度が100%に近い、フラットな草原で設計図から始めるもの作りです。この第三段階では、今は世界遺産を作ろうということだけを決めています。

——廃校、使ってもらえているんですね。嬉しいです。廃校はいくつもあったアイデアのうちの一つだったのですが、今になって思えば、SDGsの観点も取り入れられますね。

正頭氏　そうですね。京都でもかなりのペースで学校が廃校になっていて、京都国際マンガミュージアムも廃校を利活用した施設なんですね。そういったものが身近にありますし、学校を改造するって、ワクワクしますよね。

――ところで、今、なぜ授業は三段階に分けているのですか。

正頭氏　「今日の天気を言葉で表現してください」と言われたら困ってしまいませんか？　でも「今日の天気を俳句で表現してください」なら、それならできそうだなと思いませんか？　俳句という制限があるにもかかわらず、大人はそのほうが取り組みやすいのです。子どもたちも、小学校高学年くらいになるとそうです。「自由に描いていいよ」と真っ白な画用紙を渡されてすぐに描き始められるのは、小学校低学年くらいまでなんです。なので、最終的には自由に作ってもらいますが、授業ではまずは始めやすいように、最初は制限を設けているのです。

――なるほど。あんまり自由すぎても困ってしまう子がいるので、あえて制限を設けてあげるというのはいいですね。あと、私個人は、マインクラフトに没頭している子がいたら、その子が飽きるまで没頭させてあげたいと思うのですが、親御さんとしては、マインクラフトばかりしていないで他のこともしてもらいたい、一日何時間かにしてほしいと思うこともあると思います。こうしたとき、正頭先生ならどうしますか。

正頭氏　「うちの子はやめろと言ってもマインクラフトをやめずに困っている」という親御さんの大半は、やめさせたいときになって突然「やめなさい」と言っているのではないでしょうか。でも、マインクラフトで遊んでいる側にしてみれば、今すぐやめろと言われても、それがやめるのに適したタイミングでないこともあります。つまり、マインクラフトには休止するのに適したタイミングがあるんですね。たとえば「あの場所までたどり着いたら」とか「ここまで完成したら」、今日はやめようというタイミングです。なので、あらかじめ「今日は1時間だよ」「今日は夕ご飯までだよ」と言っておくことで、お子さんは自分で「だったらこのあたりまでだな」とわかると思います。

――そうですね。切りの良いところがありますよね。

正頭氏　そういった声のかけ方ができるかどうかは、マインクラフトについての知識があるかどうか、別の言い方をすればお子さんの今に興味があるかどうか次第です。たいていの親御さんは、お子さんの将来に強い関心を持っています。なのに、お子さんの今にはそれほど関心を持っていないように私には見えます。ただ親御さんには「しっかりやらなきゃいけないんだ」というプレッシャーは感じていただきたくないです。

——はい、私もそう思っています。親御さんは日々家庭での子育てや教育、しつけだけでなく、家事や仕事、そして遊んだり旅行したりの計画など、やらなければならないことが多く本当に大変だと思うので。

正頭氏　私は、親が笑っていることが、一番の教育だと思っています。逆に、教育の失敗とは何かというと、子どもを自殺させてしまうこと。この世のなんでも面白いと思えたら自殺なんてしません。そして、なんでも面白いと思える子は、なんでも面白いと思える親のところで育つと私は思っています。

——そうですね。私も「マイクラおじさんみたいな大人がいてもいいんだな」と思ってもらえたら本望です。正頭先生はこの先、マインクラフトをどのように教育に活用していきたいですか。

正頭氏　今は、授業で作った建築物などを海外の子どもたちにプレゼンしてフィードバックをもらっていますが、いずれは海外の子どもたちとも同じワールドで一緒にもの作りができたらと思います。そうした体験が、ダイバーシティへの理解を深めることにもなると思っています。

――また一緒にコラボしましょう！　ありがとうございました！

尊敬する正頭先生に「タツナミ先生は誰よりも先生」と言っていただいたこと、一生忘れません。

塾でも大人気！　プログラミング授業の教材に活用

学校でどのようにマインクラフトが使われているか、正頭先生のお話でよくおわかりいただけたと思います。

さて、マインクラフトは塾でも使われていることをご存知でしょうか。奈良を本拠地とする進学塾が、マインクラフトの世界で学ぶ教室を始めたのは２０２０年のことです。今では全国に数千人もの生徒がいる、人気教室になっています。

この教室でも、やはりマインクラフトを教えるというよりも、マインクラフトを通じて、子どもたちに新しい体験をしてもらい、自信をつけてもらっているようです。

実は私もこの教室の教材作りにかかわっています。

教室ではどんなことに注意して授業をしているのか、子どもたちはどんな風に成長しているのか、教材の開発と制作を行っているＫＥＣ Ｍｉｒｉｚ（ケーイーシーミライズ）の冨樫優太《とみがしゆうた》社長に話を聞きました。

タツナミが聞く！　インタビュー②

冨樫《とみがし》優太《ゆうた》氏（株式会社ＫＥＣ Ｍｉｒｉｚ 取締役社長）

奈良県最大規模の学習塾を運営し、２０２０年から教育（Education）にテクノロジー（Technology）を組み合わせる「EdTech（エドテック）」と呼ばれる分野に乗り出し、プログラミング教室「プロクラ」を全国に展開する。全国の学習塾に向けたEdTech中心の教材開発・販売、教育産業の経営サポートを手がけている。

マインクラフトを教材に選んだのは、100点満点中200点

――冨樫さんは、学習塾に向けて、マインクラフトをベースにしたプログラミングコンテンツ「プログラミングクラウド」、通称「プロクラ」などの開発や制作を手がけている、ＫＥＣ Ｍｉｒｉｚの取締役社長です。今、全国にプロクラを使っている教室はどれくらいあるのでしょうか。

冨樫氏　２０２４年３月時点で５７８教室あります。通っているのはほとんど小学生。中でも小学三、四年生が中心です。お問い合わせは、一～三年生のお子さんの親御さんからが多いです。

——どんなきっかけで通い始めることが多いんでしょうか。

冨樫氏　親御さんがネットで検索されてたどり着くケース、それから、コンテンツ開発に協力してくれたタツナミさんの写真入りのチラシを見て、お子さんが「行きたい」と親御さんに言うケース、この二つのケースが多いですね。

——冨樫さんと最初にお会いしたのは、プログラミング教育が小学校で必修化される少し前でしたね。

冨樫氏　はい。私たちのグループ会社・KECは、1970年代から奈良県を中心に受験進学のための学習塾を経営しているのですが、2020年のプログラミング教育の必修化を前に、プログラミングも教えられないかと模索していました。共通の知人を介してタツナミさんに出会ったのは、確か2018年です。実は、私とマインクラフトの出会いもそのときでした。「面白いから」「子どもたちに人気だから」と教わり、さっそく、帰りの新幹線の車中で試してみたのですが、揺れる画面に苦労したのを覚えています（笑）。

――教材をマインクラフトに絞ったのはなぜだったのですか。

冨樫氏　レゴのマインドストームやドローンなども考えていたところに、マインクラフトという候補が現れたのですが、半信半疑でした。「本当に子どもたちに人気なのかな」と。そこで学習塾で、2000〜3000人の子どもたちにアンケートを取ってみました。すると、みんな知っている。すごい人気。こんなに子どもたちに人気なら、市場としてもとても大きい、おそらく、スーパーマリオやインベーダーゲーム（スペースインベーダー）を超える、そう思って決断しました。間違っていなかったと思います。その選択は100点満点で200点でした。

――ということは、順調にスタートしたのですか。

冨樫氏　ただ、子どもたちに人気だからといって、親御さんが納得してお子さんを通わせてくださるかというと、そういうわけではありません。ですので、マインクラフトとはなんなのかといったところから、地道に着々とアピールや説明を続けてきたという感じです。2018年から今まで、何かが劇的に変わった瞬間があったわけでは

エジプトの世界遺産「ギザの三大ピラミッド」を実寸で再現した巨大ワールド。

世界遺産「日光東照宮」をプログラミング用ステージの周囲に再現した巨大ワールド。

巨大なエリアの恐竜たちが、実際にプレイヤーを襲うこともある緊張感のあるワールド。

ないですね。コツコツやってきました。

——教材作りのお手伝いを私におまかせいただけたのはどうしてだったんでしょうか。

冨樫氏　自分でワールドを作ってみようと思ったこともあったんですけど、無理でした（笑）。それでどなたかにお手伝いいただきたいと思いました。ただ、これは私の勝手なイメージだと思いますが、クリエイターの方々って、自分の世界をとても大切にしていて、作品についても絶対的な自信を持っていて「これが完璧」という方が多いと思うんです。でも、タツナミさんは自分で「完璧」とは言わない。つまり、私たちの要望に耳を傾けて進化させてくれる。そういう唯一無二の方だと思ったし、実際に一緒に仕事をさせてもらっても、それを実感しています。それに、子どもたちはタツナミさんのワールドが大好きですから。

——それはまさに、私のマインクラフトの楽しみ方なんです。自分のワールドも、たくさんの人たち、特に子どもたちに入ってきてほしいと思って作ってきました。私からの提案について、冨樫さんからダメ出しされることがなかったのも、そのあたりをご理解いただけていたからかなと思います。あと、「プロクラ」のカリキュラムはいろいろと考えて作られているんですよね。

冨樫氏　実は「プロクラ」に着手する前、他のプログラミング教室を見学させていただいたときに、子どもたちがあまり楽しそうではなかったんです。英数国理社の延長線上でプログラミングを学んでいるようなイメージでした。でも、せっかく新しいことをやるのだから、ワクワク感を持って挑戦して、自己表現もできたらいいなと思いました。そこで、ただ何かを作るだけでなく、発表する場を設けようと考えて、プログラミングを学ぶインプットの授業、成果を発表するアウトプットの授業を組み合わせた、今のスタイルで最初から始めました。

――子どもたちは最初から難なく発表できていましたか。

冨樫氏　それが、不慣れで泣いてしまう子もいました。でもその子は今、すごく活躍しています。親御さんの中には「どうしてうちの子は、プロクラのことを家でこんなに話すんだろう」と不思議に思われる方もいます。それだけ楽しいんだと思います。

――成長していますね。マインクラフトは家で一人だけでやっているという子もいると思いますが、あえて塾で学ぶ意義はどこにあるとお考えですか。

冨樫氏　マインクラフトは一人でも楽しめるものだと思います。子どもは突拍子もないことを思いつくし、マインクラフトであればそれを表現できるからです。そしてこの教室には、大人なら「そんなことやったらダメだよ」と言いたくなるようなことも、忌憚なくアウトプットして共有できる相手がいますし、「すごいな」とお互いに認め合うこともできるようになります。それが、自己肯定感を育むことになると思いますし、それができるのがこの教室のユニークなポイントだと思っています。

――マインクラフトを通じて、他の科目、英数国理社の成績も上がるのでしょうか。

冨樫氏　自然と上がりますよね。物事を枠組みから考える力、問題を発見する力、解決する力が身につきますし、もっとわかりやすい例を挙げれば、まず、国語力が上がります。プログラムは言語なので、頭の中で言語化されたものがなければプログラムは書けません。ですので、言語化の力がつきます。それから、マインクラフトは3D

の世界なので空間認識力が身につきます。つまり、方程式を解くといった表面的な力の素地になる部分が鍛えられていきます。

――私も、非認知能力を伸ばす上でマインクラフトは有効だと実感しています。

冨樫氏　そうなんです。ですから「マインクラフトをやっていれば将来プログラマーになれる」といった短絡的なものではなくて、どんな人生にも欠かせない好奇心や探究心の醸成ができると思っています。各科目の成績向上は、その二次的な要素ですね。

――これから冨樫さんはどんな風に「プロクラ」、そしてマインクラフトに取り組んでいきますか。

冨樫氏　「プロクラ」を日本一のプログラミング教室に育て上げたいです。ビジネスの側面もありますが、これは日本の将来のためでもあります。世界の人口が増える一方で日本の人口は減っています。日本では今後、外資系企業や外国人労働者が増えていくでしょう。ということは、今の子どもたちは親の世代とは異なり、世界の子どもたちを相手に戦っていかなければならなくなります。この事業を通じて、一人でも多くの子どもたちに、そうした時代に必要な力、価値観、素地を身につけてもらいたいなと思っています。

――次のワールドも楽しいものを作っていきますね。ありがとうございました！

子どもたちに最先端の、最高の教育を。
同じ野望を持つ同志、心強い味方です。

マインクラフトは使い方次第

お二人のインタビュー、お読みいただいていかがでしたでしょう。子どもたちがマインクラフトを好きな理由、そのマインクラフトを教材として活用するためのポイント、そして、親のかかわり方などがより具体的になったのではないでしょうか。

私は、一人で黙々とマインクラフトに取り組むことも大好きです。ですので一人でのもの作りを否定するつもりはまったくありません。ただ、教育という観点では、マインクラフトを活用した共同でのもの作りという経験が、子どもたちの様々な力を目覚めさせることは間違いないでしょう。

第4章
マインクラフトで成績アップが期待できる理由

いつか大きく役に立ち、すぐに小さく役に立つ

マインクラフトで学んだことは、その後の人生で大きく役に立ちます。マインクラフトで遊んでいると、知らず知らずのうちに、論理的思考力や信頼関係の築き方を身につけられるというのは、前の章で書いたとおりです。今、マインクラフトに費やす時間は、豊かな将来のための種と言ってもいいと思います。花開き、実を結ぶのは10年後、20年後、30年後になるか、それはそのときになってのお楽しみです。

では、今すぐには一輪も花が咲かないのか、一つの実も成らないのかというと、そんなことはありません。

マインクラフトで学んだことは、いつか大きく役に立ちますし、小さくではありますが、すぐにも役立ちます。

マインクラフトで楽しく遊んでいるうちに、気付けば学校での授業を先取りしていた、ということも十分に考えられます。授業に備えての学習は予習と呼ばれますが、マインクラフトの場合は学習というより遊びなので、予習ではありません。お子さんは「予習しなさい」と言われなくても、勝手に予習をしていきます。本章では、マインクラフトが日々の学習にどのように役立つか、教科ごとに取り上げ説明していきま

す。

国語――コミュニケーション力・プレゼン力が育つ

マインクラフトで友達と遊ぶと、そこには必ず会話が発生します。何をするか、どんな風にするかを決め、誰が何をするかも決める必要があるからです。

お子さんは、自分はどうしたいかを相手に伝えると同時に、相手がどうしたいかを理解し、その上で、合意を取ることになります。

これこそがコミュニケーションだと私は思います。

一方的に自己主張をするだけではなく、相手の気持ちを聞く力が不可欠なのです。マインクラフトというプラットフォームのマルチプレイなどでそうした経験を積んでいれば、国語の読解問題にある「このときの主人公の気持ちを答えなさい」のような問いは、そう難しくないはずです。

また、ここ何年かはアクティブ・ラーニングということがよく言われています。以前のように、椅子に座って先生の話を聞くだけが授業ではありません。自ら発表する力、プレゼン力も求められています。

マインクラフトは、ゲーム実況という文化と切っても切り離せません。この文化がなければマインクラフトはここまで人気が出なかったのではないかと思うほどです。

マインクラフトと実況の相性がいい理由は、遊び方が様々であることです。いろいろな遊び方があるので「こんな遊び方をしました」という報告がいくつもできるのです。それは「私はこの遊び方が好きです」というお知らせでもあります。

好きなものについて語る実況を見聞きしていれば、さらに、自分でもやってみれば、「好きなものについて語る力」は自然と育ちます。それが、プレゼン力です。

私がかかわる多くのマインクラフトの学習プロジェクトでは、ほとんどのケースで最後に必ずプレゼンをします。小学生から大学生までの皆さんが見事に発表をしてくれることに一番驚いているのは、その場にいる大人たちなのです。

算数――空間把握能力が身につく

パソコンの画面は平面ですが、マインクラフトの世界は3D空間です。X軸、Y軸、Z軸があって、自由自在に動くには、これらの座標を理解する必要があります。

最初は、目の前にあるものの背後にぐるりと回ってみると、思いの外、奥行きがあったり薄かったりで驚くこともありますが、今見えているのはほんの一面なのだということに、そのうち慣れてきます。

前から見ているだけでは同じ形でも、横に回って見てみるとぜんぜん違うこともあります。

建物を建てるときにも、自然と奥行きを意識します。前から見たらこんな形、横から見たら、後ろから見たら、上から見たら……。

こうやって、空間把握能力を身につけることができます。

空間把握能力は算数でも問われます。

たとえば、正面から見たときに長方形に見える図形には、どんな立体があるでしょうか。直方体かもしれないし、円柱かもしれません。それを区別するには、どこを確かめればいいでしょうか。

今度は、正面から見たときには二等辺三角形に見える図形はどうでしょう。三角錐かもしれないし、円錐かもしれないし、ひたすら分厚い二等辺三角形かもしれません。

平面から立体を類推するというのは、次元を上げる行為です。長方形を直方体にするのは二次元を三次元にする行為です。

実は、積分とはこのことで数学や物理で問われる微分積分の基本的な考え方につながっています。見えている一面から体積を算出するのが積分なので、空間把握能力があれば、積分を理解しやすいはずです。そして逆に、立体から平面へ次元を落とすのが微分です。次元の行き来に慣れていれば、学年が上がって教科書に出てくる微分積分も怖くないはずです。

英語——簡単な単語はいつの間にかマスター

マインクラフトは日本語化されていますが、それでも、メイン画面にもいくつかの英単語が並んでいます。ということは、プレイしているうちにいくつもの英単語に触れ、教わらなくても、その単語の意味をなんとなく知り、英語の授業で、その答え合わせをする、ということになります。

これだけではありません。

マインクラフトは日本でも人気のゲームですが、プレイヤーは日本の外にも大勢います。そして、たいていのゲームでそうであるように、より多くの、より詳しい情報はネットを介して英語で発信されています。

日本語での情報発信に飽き足らなくなり、英語であればもっと情報を得られるとわかったら、英語をマスターする、とまではいかなくても、翻訳ツールを使ってみようと思うようになるでしょう。

こうして、英語の情報を貪欲に取りに行く姿勢は、英語への苦手意識を払拭するはずです。マインクラフトのために英語を学ぶ、まさにエデュテインメントです。

また、マインクラフトで英語を学べる教材を、イギリスのケンブリッジ大学などが「ADVENTURES IN ENGLISH」というワールドとして提供しています。

社会——歴史を知り、世の中を知る

マインクラフトの世界では、いろいろな人の手によって、歴史的建造物が模倣・再現されています。

模倣といっても、本格的です。写真でしか見たことのない建物の内部についても調査して、調査しきれなかった部分は想像して、ゼロから建てていきます。こうすることで、教科書で読んだだけではピンときていなかった「校倉《あぜくら》造り」や「寝殿《しんでん》造り」といった単語に、リアリティが増します。さらには、その建物が建てられた時代背景、人々の生活、政治や経済の状況などに興味が派生していきます。それも、自発的に。そうして自ら進んで得た知識は、深く心と脳に刻まれるでしょう。それこそが探求学習の最初の一歩となります。

もちろん、歴史的建造物以外のものも作れます。たとえば、マインクラフトでは回路やコマンドを駆使することで特殊なゲームシステムを作ることができるので、「Lumen Power Challenge」というワールドに代表されるような発電所を作って運営するワールドで遊びながら学んでもらうこともできます。

たとえばこのワールドでは発電とはどういう仕組みで行われているのか、施設で何をしているのか、火力、風力、原子力などどんな種類があるのかを身をもって理解できるはずです。マインクラフトで理解していれば、実際の発電所を見学したときにより理解が深まりますし、実際には見学できなくても「どんな風になっているのか、まったくわからない」ということにはなりません。つまりマインクラフトは、社会科見学の代わりにもなるのです。

理科――地学も化学も遊びながら学べる

マインクラフトでいつの間にか身につく知識。それが最も多いのは、理科の分野かもしれません。

たとえば、岩石の種類、木材の種類。それまではただの岩や木としか見えていなかったものが、マインクラフトで経験を積むことで、花崗岩や玄武岩、オークやアカシアといった種類に詳しくなり、その特性も理解できるようになります。これらは、覚えようと思って覚えるものではありません。遊んでいるうちにいつの間にか覚えています。

植物を育てることもできます。学校の理科の授業では、朝顔などを育てるのが定番ですが、マインクラフトでは小麦やジャガイモ、ニンジンやサトウキビを育てることができて、それらをパンなどに加工することも、村人が持っている何かと交換することもできます。理科と社会が地続きなのです。

そして、化学実験もマインクラフトではやり放題です。しかも、リスクはゼロ。元素ブロックを使って、化合物を作成したり特殊なアイテムを作成したりと教科書では化学反応式で示されている反応を、ワールドの中で疑似体験できます。

元素ブロックと化学実験テーブル。元素を使用して化合物の作成や分解を行う。

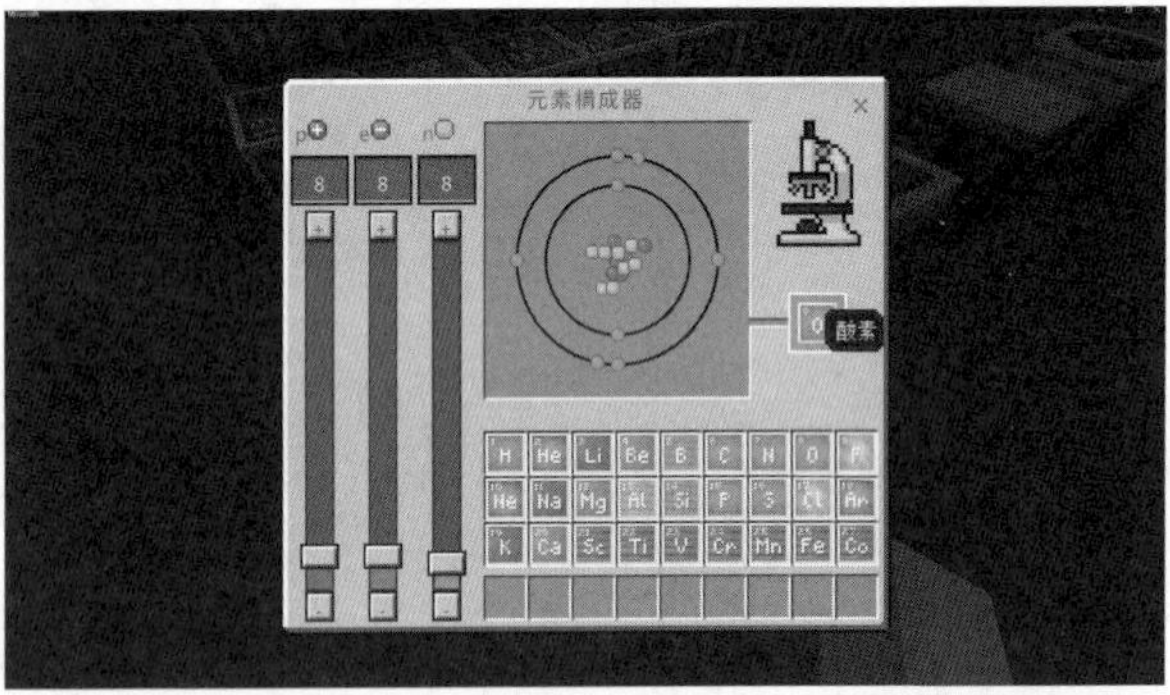

陽子・電子・中性子の数を調整し、元素を作成する「元素構成器」。

たとえば、マインクラフトの世界は、花火はただ見て楽しむだけのものではありません。炎色反応の知識をもとに材料を合成して自分で作り、夜に遊んで楽しむものでもあります。

情報——目的ありきのプログラミング

マインクラフトでは同じ作業の繰り返しなどはプログラミングによって自動化できます。自動化ができれば、一つ一つのブロックを積み上げるのに比べると、圧倒的に短時間で大規模な作品を作ることができます。

逆の言い方をすれば、効率よく大きな物を作りたければ、プログラミングを覚えることが大きなメリットになるのです。そして、特に建築が好きな子は、プログラミングに難なく挑戦しマスターします。早く巨大建築を作れるようになりたいという、目的がはっきりとしているからです。

マインクラフトで身につくプログラミング言語は、具体的にはJavaScriptやPythonなど、メジャーな言語です。ただ、ここで大切なのはどんな言語が使えるようになるかよりも、プログラミングというものに慣れることです。

プログラミングとは、コンピューターへの命令書を書くことです。その命令書は、コンピューターが勘違いや、思考停止をしてしまわないように、コンピューターがすっきりはっきり理解できるように書かなくてはなりません。別な言葉を使えば、論理的でなくてはなりません。

つまり、プログラミングができるようになるとは、論理的な考え方や記述ができるということであり、これは、プログラミング以外のところでも、とても役に立つスキルです。そうした、生涯にわたって役立つスキルの最初の一歩も、マインクラフトで身につけられるのです。

コラム　マイクラおじさんの意志を受け継いでくれた〈龍斗くん〉

マインクラフトで、子どもはどう成長するのか。

身をもって教えてくれたのが、龍斗くんです。

龍斗くんがマインクラフトを始めたのは、小学校中学年のとき。すでにマインクラフトを楽しんでいたお父さんの影響だったそうです。そのころのプラットフォームはニンテンドースイッチ。延々とブロックを積むという、他のゲームとは違うところに興味をもったと言います。

彼自身の言葉を借りると「他のゲームは、だいたい基盤が決まっていて〝これに沿わないといけない〟みたいなところがあるけど、マインクラフトはそういうのがなくて、自由で、一応ラスボスはいるけどそれを倒しても終わらなくて、楽しみが終わらない。ずっと楽しんでいられるし、どこかでつまずいても、どうしてもやめられない」のがマインクラフト。まさに、そのとおりだと思います。

さて、お父さんをきっかけにマインクラフトを知った彼は、基本的な操作を教わった後はどんどんとマインクラフトの世界を開拓していったそうです。情報源は、YouTubeに代表されるネットと、マインクラフトに詳しい友達。

今の姿からはまったく想像できませんが、実は龍斗くんは、かなり引っ込み思案な性格で、友達とも積極的に会話をするタイプではなかったのだそう。でも、知りたいこと、話したいことができたため、どんどん話しかけられるようになり、ニンテンドースイッチを持ち寄って遊ぶようにもなったそうです。

プレイ時間は平日1~2時間、休日は長いときには12時間。ハマッていたときには食事の時間を忘れるほどで、ご両親に叱られることもあったそうです。でも、この黙々と取り組む力が、実は他のシーンでも活かされているのです。

私が龍斗くんと出会ったのは、そうやって龍斗くんがマインクラフトにハマり始めたころ、私がお手伝いしたマインクラフトのイベントに、彼が参加したときのことでした。彼はすでに私のことを知ってくれていました。

そのときの様子がまさにテレビ『情熱大陸』で取り上げられ「二年でここまで登りつめてくるのか……！　尊敬します。追いつかれないように僕も頑張ります」と私に言わしめた印象的なシーンになりました。

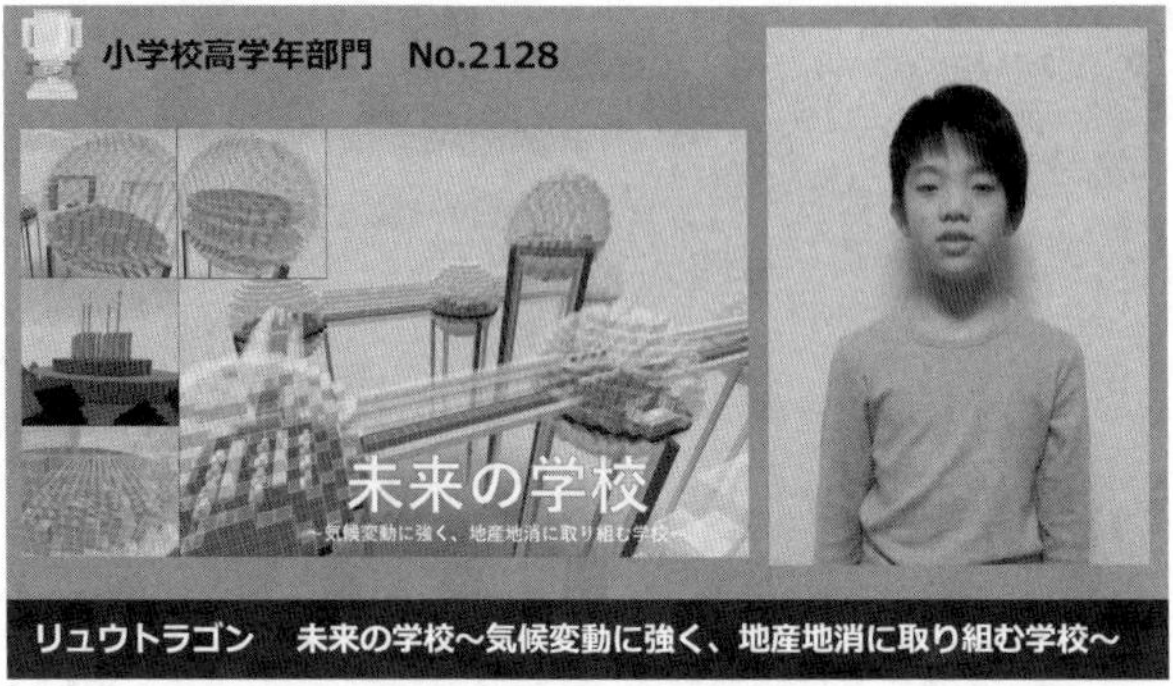

Minecraftカップでプレゼンをする龍斗くん。まだまだ幼い印象だった。

（写真提供:Minecraftカップ運営委員会）

そしてそこから一年以上経ち二度目に会ったときのことも、私は忘れられません。なぜなら彼が「タツナミ先生のおかげで、中学受験に合格した」と教えてくれたからです。このときは私もただただ感激して「おめでとう！」と叫んでしまったのですが、先日、改めてどういう意味だったのか質問するチャンスがありました。

すると、彼はこう教えてくれました。

「タツナミ先生に会って話がしてみたくて、頑張ってMinecraftカップに出て賞を受賞してその夢が叶って、だからやれば叶うんだと思って、受験勉強も頑張りまくりました」

まさに、マインクラフトおじさん冥利に

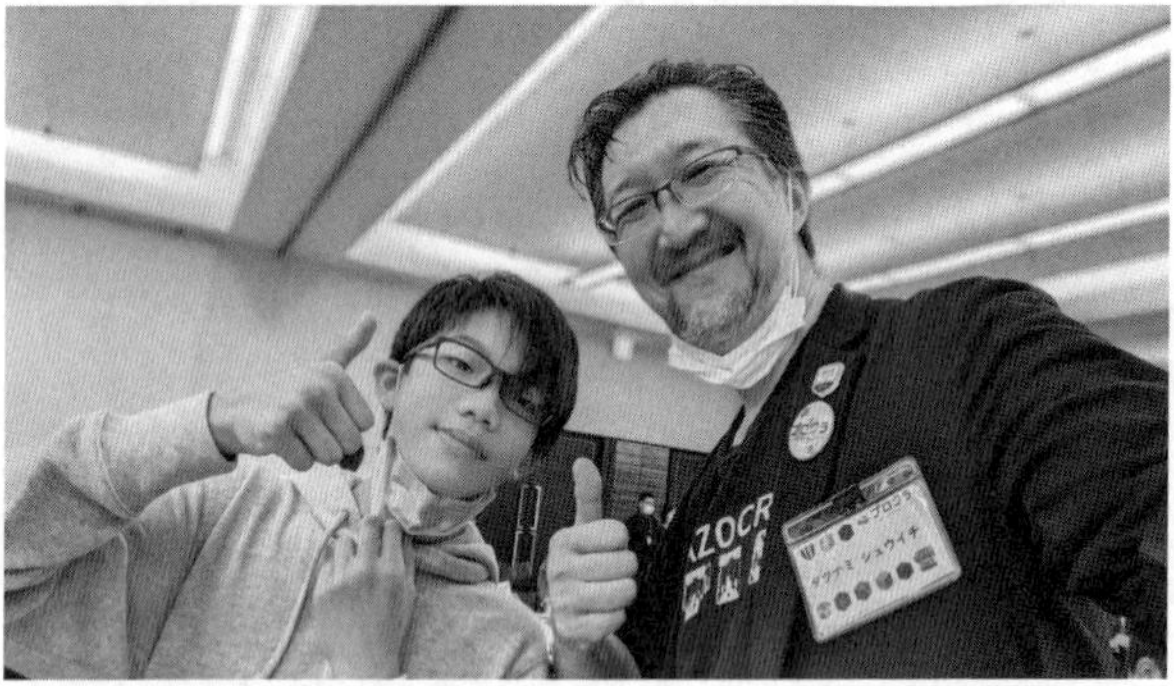
大きくなった龍斗くんと再会。もう立派な中学生に成長していたことに感激。

尽きます。

現在、市立の中高一貫校に通う彼の今の得意科目は数学。複雑な図形を見ると「手強い」とか「困った」とかは思わず「面白い」と思うそうです。そして数学で練習したことを、マインクラフトで実践する、という感覚も持っている。まさに、学びと遊びを行ったり来たりしているのです。

「行ったり来たり」は、数学だけではありません。たとえば、現実世界で雨が降って、屋根を水が流れていったり、小さな水路のようなものが出現したりするのを見ると、それをやはりマインクラフトで再現するそうで「それも理科みたいだなと思います」とのこと。

ちなみに、龍斗くんはすでに、人工知能を使いこなしています。日本語のサイトではどんなに検索しても出てこないマインクラフトの技やテクニックを、英語サイトで調べるためにです。好きなことのためにはどんどん新しいツールを使いこなす。将来が楽しみな、人生をまさに謳歌し楽しんでいる中学三年生です。

龍斗くんという教え子が、私を「本物の教育者」にしてくれました。本当にありがとう！

第5章

東京大学、そしてＪＡＸＡでも活用されるマインクラフトの可能性

「マインクラフト谷間の世代」はどう使う？

今やマインクラフトは、大学の授業でも使われています。この章では、年齢的には成人した学生たちがどんな風にマインクラフトで学び、成長しているのかなどを紹介します。

最初に紹介するのは、静岡県にある常葉《とこは》大学です。

常葉大学には10の学部がありますが、マインクラフトを授業に取り入れたのは造形学部です。造形学部とはアートやデザインを学ぶ学部で、そこでの選択科目として2023年4月から『マインクラフト造形学（デジタル表現A・B）』という2単位の選択授業が開講されました。本授業は村井貴准教授をはじめ、常葉大学の多くの教員の方々にサポートしていただきながら、私タツナミが指導教官として実施しました。

教えてみて、何度も、とても驚かされました。学生たちの成果が期待をはるかに超えていたからです。学生数も当初は「10名くらいかな」と思っていたのですが、蓋を開けてみれば36名。急遽、広い教室を用意してもらうことになったのが最初の驚きでした。

もともと、この授業にはいくつかの狙いがありました。

まず、マインクラフトというプラットフォームで、ゼロから新しいワールドという空間をデザインすること。このためには、何を作るかを決め、実際に手を動かして締め切りまでに作り上げ、さらにそれを発表するというもの作りのプロセスを実践することで、もの作りには何が必要なのか、どんなところに落とし穴があるのかなどを体験できます。

それから、マインクラフトを入り口に、メタバースに代表される仮想空間の世界に親しんでもらうこと。今の大学生が生きる未来では、メタバースでのコミュニケーション、メタバースでのビジネスも当たり前になっているはずです。それにいち早く慣れることで違和感や苦手意識をなくすだけでなく、自信をつけてもらいます。そのためにあえて私は教室へは行かずにオンラインで参加し、そこでのコミュニケーションの機会も作りました。

何を作るかについては、最初のテーマはわかりやすく「ＳＤＧｓ」とだけ設定。何をモチーフとし何を作るかは自由という形をとりました。あまり範囲を絞り込むと難しいかなと思ったからです。特に今の大学生たちは、マインクラフト誕生時にはすでに大人だった私のように〝大人の趣味〟として盛り上がった記憶のある世代でもなく、ニンテンドースイッチ版の登場で親しんだ小中学生世代でもなく、その間にぽっかりと空いた「マインクラフト谷間の世代」です。その世代がマインクラフトをどんな風に使うのか、想像できませんでした。

ところが、マインクラフト初心者の学生も大勢いたにもかかわらず、グループに必ず一人は経験者がいるように編成したのが良かったのか、アイデアもどんどん出るし、スキルも瞬く間に上達します。

「あれ、この世代とマインクラフト、結構、相性がいいぞ」

使い方がわかれば、彼らの世代はこれまでの成長の過程で頭の中に溜め込んできた具現化したいアイデアを出し、そして、それをマインクラフトで表現する力も持っていることに気がつきました。

大人には大人のマインクラフト

急遽、後半の授業では一気にハードルを上げました。学生たちには、作って発表するというだけではなく、小学校高学年の児童たちが学ぶための教材として意味と効果のあるワールドを、マインクラフトで作ってもらうことにしたのです。

そして、テーマは「社会貢献」。グッと範囲を広げたことで、どんな教材ができてくるのか楽しみでもあり怖くもありました。

ですが、学生たちは私の恐れを杞憂に変えてくれました。多くの素晴らしい教材を作り上げてくれたのです。

題材は、海の環境問題、災害救助ボランティア、マイクロアグレッション、地球温暖化による海面上昇、生活に根ざした社会貢献とそれぞれ。こうしたテーマを、身近な話題に引きつけながらゲームやクイズ、ストーリー仕立てにすることで小学生でも飽きることなく楽しく学べて、なおかつ、そこで学んだことを日常で意識できるような仕掛けになっていました。まさに、小学生にとって理想の教材です。

やはり大学生ともなると、それまで積み重ねた経験から生まれるアイデアもそれを具現化する能力も優れています。

その教材の最終的なプレゼンには、大学の外から教育関係者やマスコミも招きました。

なぜなら、私だけでは学生をほめきれないと思ったからです。実際に、学生の発表を見た大人たちは、それぞれの言葉で学生の成果とそこに至るまでの努力をほめてくれました。お世辞ではなかったはずです。本当に素晴らしかったのですから。学生たちも初対面の大人に絶賛されるという経験を通して自信がつき、もの作りの喜びも感じたはずです。

デジタル時代のプロジェクトは爆速で進む

私が常葉大学で教えるようになったのは、村井貴准教授からメールをいただいたのがきっかけでした。

2021年に卒業した教え子の方の一人が、私が出演したテレビ番組を見たのをきっかけに卒業制作にマインクラフトを使うことを思いつき、実際にマインクラフトで静岡県藤枝市にある国指定史跡の志太郡衙跡《しだぐんがあと》の当時の様子を再現し、志太郡衙資料館でも展示されたというお知らせをもらったのです。

卒業制作のツールとして使うだけでなく、地元からも評価されているなんて、すごい。

そう思って返事を書き、実際にお会いし、大学の学内学会という場での講演の機会をいただき、それが思いのほか好評で「授業で教えてください」「わかりました」と、トントン拍子に話が進んだのです。

もっと爆速で進んだ話もありました。マインクラフトを使った東京大学での平和学習です。

2023年5月20日土曜日、私はMinecraftカップのキャラバンで鹿児島を訪れていました。夜は同行者と楽しく打ち上げ。するとそのうちの一人、総合ディレクターの土井隆さんが「マインクラフトに興味を持ってくれている先生がいるから、週明けに東大のワタナベ先生のところへ行く」と話しています。「んっ？　へー、ワタナベさんって名字は多いからなあ」と私は思いながらも「何をやっている先生なの？」と聞きました。

すると、なんとデジタルアーカイブだと言うではないですか！

ワタナベ先生とは、まさかまさか東京大学大学院情報学環の渡邉英徳教授でした。モノクロの写真にＡＩで色付けをしている先生と説明すれば、ピンとくる方もいるはずです。

私は以前、長崎の被爆体験をデジタル空間上にマッピングするという「ナガサキ・

アーカイブ」の取り組みをテレビで見ました。ホームページ（https://n.mapping.jp/）にアクセスすると、長崎の町並みが三次元マップで表示され、そこに被爆者の方の顔写真が重なります。顔写真をクリックすると、その方の被爆体験を読むことができます。私のやっていることと比べたら先生の取り組みははるかに上位互換でありレベルはまったく異なるものの、リアルの存在をデジタル空間に再現するという考え方は通じるところがある！　と勝手に感じていました。

そしてこのプロジェクトを推進しているのが、渡邉先生であることも認識し、他にどんなことをされているのかを調べてみたところ、だいぶ前に、地球温暖化の影響で海面下に沈む恐れのあるツバルで、やはり記憶のアーカイブをしている方だとわかりました。私はこのツバルでのプロジェクトにも強い関心を持っていたのですが、それも渡邉先生の成果だったのです。

そんな渡邉先生に会いに行くという人が近くにいるわけですから、同行しない手はありません。さっそく週明けに、私は渡邉先生のところにお邪魔しました。

すると先生は私のこともよくご存知で、お子さんのためにとサイン色紙、さらには学生のために私が話をする機会も用意してくれていました。

「強引に同行させてもらって良かったな」と夢見心地で帰宅した、その翌日のことです。先生から「私の研究室で客員研究員として、マインクラフトを使ったデジタルアーカイブを学生に教えてくれませんか」と連絡があったのは。

早すぎるのはここまでだけ、ではありません。成果はこの年の8月4日と5日のワークショップで発表されました。

東大でもマイクラ！　遠い出来事も身近になる

このワークショップ、テーマは「原爆投下前の広島の暮らしと街並み」。マインクラフトで原爆投下前と後の広島市中心部を再現し、それを小学校中学年・高学年の児童たちに体験してもらうというものです。ワークショップの運営は渡邉先生の研究室に所属し研究をされている広島出身の片山実咲さんをはじめ、多くの学生の皆さんの手により進行。ワークショップ自体の制作の他、児童とのコミュニケーションなども担ってもらいました。

ここで私は、教材としてのマインクラフトのパワーを改めて思い知らされました。

今の小学校中学年・高学年の児童たちにとって、原爆投下は自分が生まれる65年ほど前の出来事です。1976年生まれの私からすると、日本の関税自主権が回復したり（1911年）、明治から大正に改元したり（1912年）、第一次世界大戦が始まったり（1914年）。そのくらい遠い昔の話で、まわりには経験した当時を語ってくれる人はいませんでした。今の児童たちにとって、あの戦争と原爆投下はそういった存在になっていっています。

だからこそ「昔の話だから」「自分とは関係ないから」「なんだか怖いから」と思わずに、自分ごととして知ってほしいという思いがあります。

こうしたときにマインクラフトは絶大な力を発揮します。

子どもたちは1945年8月6日以前の広島の街並みをマインクラフトで経験します。そこにあったはずの店を実際に作ってみることで、町の住民になったような気分を味わいます。そうしてから、6日以降の広島の街を資料や写真を通して知ると、戦争とは原爆とは、当たり前だった日常を奪うものなのだと実感するのです。ワークショップでは、当日参加の児童たちよりも幼いころに被爆した方からも話をしていただくことができましたが、みんな熱心に耳を傾け、質問も積極的にしていました。きっと、マインクラフトを通して戦争と原爆が「自分ごと化」されたからでしょう。

当日、スタッフとしても参加していた東大生もきっと、教材としてのマインクラフトの力を感じ、今後も活用していってくれるはずです。もちろん私自身も引き続き客員研究員として様々な教材作りにかかわっていきます。

「マインクラフトと好奇心」があれば、最先端科学を学べる

２０２３年12月20日、新しいワールドがＪＡＸＡ（宇宙航空研究開発機構）のホームページからダウンロードできるようになりました。一年以上かけてＪＡＸＡの皆さんと作ってきた２０５０年の月面をイメージしたワールド、その名も『ルナクラフト』です。

テオフィルスというクレーターの表面、そして地下構造がかなりリアルに再現されています。リアルなのは当たり前、ＪＡＸＡが月周回衛星『かぐや』で得た本物の月面のデータに基づいているからです。リアリティにこだわり、「レゴリス」などマイクラに存在しないブロックまで新たに作ってしまいました。

見た目だけではありません。重力も再現しています。

私もかつて学校で、月の重力は地球の重力の６分の１だと習いました。ですが、重

力が6分の1になると体はどんな風に感じるのかは、想像するしかありませんでした。しかし、マインクラフトであれば、ふんわりとしか歩けない月面を体験できます。アームストロング船長が感じた軽さを、家にいながらにしてリアルに感じられるのです。

実はNASAもマインクラフトで月をテーマにしたワールドを作っています。だからそれに負けないようにといろいろと工夫をこらしました。

最近は宇宙開発ブームです。特に注目されているのは月。アメリカをはじめとする各国共同でアポロ計画以来となる有人での月探査計画「アルテミス計画」が進められていますし、日本でも2023年9月に小型月着陸実証機『SLIM（スリム）』を搭載したH2Aロケット47号機の打ち上げが成功しています。SLIMはテオフィルスクレーターの近くに無事、着陸しました。これからどんな活躍を見せてくれるのか、人類に新しい知見をもたらしてくれるのか、とても楽しみです。

きっとSLIMの発見が、これからの理科の教科書を書き換えることになるでしょう。

こうした最先端の科学についても、マインクラフトと好奇心があれば、いくらでも自分で学ぶことができます。

このルナクラフトについては、公開の約一か月前にJAXA相模原キャンパスで行われたイベント（「ルナクラフトを体験しよう」）でもお子さんたちに触れてもらっています。

このときJAXAはお子さんたちがルナクラフトに触れたことで自分にどんな変化があったかアンケート調査を行っています。ルナクラフトに触れる前に「あなたがどのような人か教えてください」、触れた後に「今日のワークショップを体験してあなたがどう変わったか教えてください」という質問をしました。

アンケートには、「私は、やることを人に言われなくても、時間や場所を考えて自分から進んでする」など10項目あり、回答者は「全く違う」「違う」「どちらかといえば違う」「どちらかといえばその通り」「その通り」「全くその通り」から選ぶ形となります。

答えは、前と後とでかなり違っていました。

たとえば「私は、やろうと思うことも、人からだめだとけなされると、すぐ自信がなくなってしまう」、そのように思うお子さんは、ルナクラフトに触れた後では減っていました。

他にも「私は、つまずいたとき、自分なりの考えで乗り越えようとする」「私は、分からないことはすぐに自分で調べようとする」、このように思うお子さんは、ルナクラフトに触れた後では増えていました。

お子さんたちは、マインクラフトで作った教材によって前向きに、強く変わっていたのです。

マインクラフトで子どもも大人も成長する

マインクラフトが教育に良いって、それはあなたがマインクラフトおじさんだからそう信じたいだけでしょう？

そうはっきりとは言われないまでも、そのようなことを言われたことはあります。そんな視線を感じたこともあります。

でも私はこれまであらゆるところで、マインクラフトによってお子さんたちが好きなことを見つけ、没頭し、たくましくなっていく様子を見てきました。ＪＡＸＡのこの調査結果は、そんな私の実感を裏付けるものです。

そして今、私はこうした裏付けは、大人についても得られるのではないかと思っています。

常葉大学で私は、大学生という成人が、マインクラフトによって創造力を発揮するのを目撃しました。きっと東京大学の学生も、教材作りを通じて自分のクリエイティビティが発揮されるのを感じたに違いありません。

マインクラフトによって潜在能力を引き出されるのは小中学生や高校生だけではないのです。むしろ大人のほうが、それまでの豊富な経験を反映できるし、また社会性も高いことから、伸びしろはより大きいのではとすら思えました。

大人こそマインクラフトに触れることで、より高い自由度でクリエイティビティを発揮できるのではないでしょうか。

今、人生は１００年時代と言われます。私なんてまだまだ、その折り返し地点にも達していません。多くの人が大人として長い時間を過ごすことになります。これまで多くの日本の大人は、仕事で様々なものを作ったり、趣味でもＤＩＹをしたりお菓子を作ったりしてクリエイティビティを発揮してきました。そこに、マインクラフトが加わってもいいのではないでしょうか。マインクラフトがあれば、ガレージやアトリエがなくても、ツールやパーツをいろいろと買い集めなくても、なんでも好きなものを作れます。マインクラフトほどもの作りのハードルが低いものはないかもしれません。

　ずっとものを作り続けていれば、そのための情報収集もしますし、発表の場も欲しくなります。自ずと社会ともつながります。

　こうしたことは、忙しさのあまり好奇心に蓋をしてきた大人の心にとってプラスにはなってもマイナスにはならないはずですし、様々な体験をしている分、実は大人こそマインクラフトで才能を開花させられるのではないかと思うのです。

　これは今はまだ私の仮説です。ですがそれを実証するためにマインクラフトによる学習効果を示す研究を今後も大学で進めていく予定です。もしご興味のある方は、見守っていただけるとありがたいです。

第6章　マインクラフトで見る子育ての原点と教育

ゲームなんだからとにかく一緒に楽しんで！

この本を手に取ってくださった多くの大人の方は、とても真面目で、子煩悩な親御さんに違いありません。お子さんが興味を持っている、あるいは、評判のいいマインクラフトについて知り、学びたいという気持ちをお持ちなのだと思います。しっかりと予習をし、我が子を導いてこそ親だという自覚もおありなのだと思います。

でもだからこそ、そんな親御さんに伝えたいことがあります。

マインクラフトについては、学ぶ前にまず、遊んでください。楽しんでください。学ぶ時間があるのなら、お子さんと一緒にマインクラフトの世界に浸ってください。マインクラフトは教科書でも問題集でもありません。大人が解き方を指南したり、ヒントを出したり、正解に導いたりする必要はありません。そもそも、正解がありません。だから、教えることはできないですし、教えようとしなくてよいのです。

自分自身が子どものころを振り返ると、まわりの大人は子どもである自分に何かを「教える」存在でした。大人と子どもは上下の関係にありました。当時はそれが当たり前だと思っていましたが、だからこそ、教わったことがうまくできないと申し訳ないなと思ったり苛立ったりしてしまったのだと思います。私自身は、英語学習でそう感じたことがあります。

でももし、大人と一緒に英語を学ぶのであったなら、どうだったかなと思います。絶対に違っていたはずです。

大丈夫です。予習せずにマインクラフトを始めても、TNTでパソコンが爆発したりダイヤを見つけるために高額な追加費用を請求されたりすることはありません。マインクラフトは、「習うより慣れろ」を実践できる場です。

そもそも昭和生まれが教えられると思ってはいけない

親御さんは、マインクラフトをお子さんに教える必要なし！

そう言われても、子どもが困るようなことがあれば教えてあげたいと思う親御さんもいるでしょう。

でも、ちょっと待ってください。そもそも、マインクラフトは私ですらまだ極めていない部分もたくさんあり、ましてや触れたことがない大人が少し解説書を読んだからといって手取り足取り教えられるほどに浅いプラットフォームではありません。実は非常に奥が深いものなのです。

ちょっと言葉が強すぎたかもしれませんが、でも、考えてみてください。

ご自身が子どものころ、どんな遊びが流行っていましたか？

ファミコンですか？　バーコードバトラーですか？　クレーンゲームですか？　ニンテンドーDSですか？　トレーディングカードですか？

こういう遊びを、大人から教わったこと、あるでしょうか？

将棋や囲碁、折り紙やあやとりなら、大人から教わったかもしれません。なぜならそれは、私たちの親世代も知っている、親世代のほうがよく知っている遊びだからです。

でも、皆さんが子どものころに流行り始めた、夢中になった遊びは、親からは教わっていないはずです。むしろ、大人はその遊びのことをよくわかっていなかったはずです。

そうした親のことを責めるつもりはありません。自分の子ども時代になかった遊びのことは、よくわからなくて当たり前だからです。

ですので、今、親御さんがマインクラフトのことをよくわかっていなくても当たり前です。教えられなくて当然です。私のようなマニアックな人間を除いて、昭和や平成の初期に生まれたほとんどの大人はたいてい、マインクラフトを教えられないのです。

それは、今の多くの親御さんが国語や算数は教えられても、プログラミングは教えられないのと似ています。それは仕方ないです、学校で習ってこなかったのですから。もちろんプログラミングを仕事や趣味としている人は別ですが、それはあくまで例外です。

大人というものは、大人になってからこの世に登場した子どもの遊びのことは教えられない。これは、いつの時代も変わらない真理ではないでしょうか。

ですから、マインクラフトをお子さんに教えようとしなくて大丈夫です。そんなに頑張らなくても大丈夫です。むしろ、なんでもすぐに吸収する時期のお子さんから、皆さんが学ぶくらいでちょうどいいはずです。「マイクラおじさん」を自称する私も、すぐに追い抜かれるだろうなと思いながら、お子さんたちと接しています。だから私は、お子さんたちとはできるだけ敬語で話します。そのうち私の師匠になるかもしれない方に対して、敬意を払いたいからです。

ます。

親は伴走者であってほしい——無関心はダメ

お子さんにマインクラフトを教えられない親御さんでも、伴走者になることはできます。

伴走者とは、ランナーであるお子さんをリードする立場ではありません。先回りして完璧なガイドをする必要はありません。「これってどうするの」と聞かれてもわからなければ、「わからない」と正直に答えてもらってまったく問題ありません。

ただ、伴走者はランナーを放っておく立場でもありません。孤独にしてしまうのはちょっと違います。お子さんが自分のペースで進んでいくのを、そばで見守る立場です。

私はよく、マインクラフトのセミナーや教室に講師として伺います。そこにはたいてい、マインクラフトが大好きなお子さんとその親御さん、または、マインクラフトの教育効果に興味のある親御さんとそのお子さんが来ています。

お子さんが手を動かし始めると、一緒になって画面を覗き込む親御さんもいます。

一方で、お子さんから外した視線をスマホに注ぎっぱなしの親御さんもいます。

日々、子育てに全力投球の親御さんが息抜きでスマホを見たいというのは理解でき

Minecraftカップのワークショップにて。彼らの集中力は大人の比ではない。
（写真提供:Minecraftカップ運営委員会）

ますが、でも、できればお子さんが何をしているのか、見ていてほしいなと思います。

見ているだけでいいです。ああしたほうがいい、こうしちゃダメといったアドバイスはいりません。ただただ、お子さんがマインクラフトという世界で何をしているのか、何を表現しようとしているのかを見守ってほしいです。

そして、帰る途中や帰ってから「何が楽しかった？」と尋ねて、話を聞いてあげてほしいです。

「何が楽しかった？」という質問は、お子さんが何をしていたのかを見ていなくても、できます。でも、何をしていたか

発言に躊躇しない。なぜなら彼らはマイクラの話をしたくて仕方ないからだ。
（写真提供:Minecraftカップ運営委員会）

を見ていたほうが、絶対に話が盛り上がります。

「そうしようとしていたんだね」「それであいうことをしていたんだね」という親御さんの相槌は、お子さんの「話したい」「知ってほしい」という気持ちを強くします。

ですので、質問するからには真剣に話を聞いて、真剣に相槌を打ってください。子どもは、大人が真剣か上の空かに敏感です。本当に興味があって聞いているのか、関心もないのに惰性で質問しているのか、すぐに判別します。親御さんが本心で興味を持っているとわかれば、もっともっとマインクラフトを楽しもう、そして教えてあげたいと思うでしょう。

でも、興味ないいんだなと気付くと「本当はマインクラフトをやってほしくないのかな」「興味を持ってもらえないなら、やっていてもいつか叱られるかな」と思うようになります。子どもは、とてもセンシティブです。そのぶん、大人が心の底から関心を持っているとわかるともっともっと積極的になります。

だから親御さんには、マインクラフトについてお子さんに質問ができるように、質問し続けられるように、お子さんをそばで見守ってほしいと思います。その姿勢が、お子さんを無限のワールドの先へ先へと進めさせます。

結果だけではなくプロセスもほめる

お子さんのマインクラフトでの活動で「すごいな」と思うところがあったら、思う存分、ほめてあげてください。「こんなものが作れるんだね」「こんなことを知っているんだね」「覚えたものをさっそく使えるなんてすごい」などなど、いくらでもほめることができるはずです。

ないとは思いますが、先を行っているお友達と比べて「○○くんのほうがすごいね」「○○ちゃんみたいにできないの？」なんてことは言わないでください。マインクラフトは、他人と比較して競い合うためのプラットフォームではありません。

そして、できれば作品だけではなく、その過程での工夫もほめてあげてほしいなと思います。

私はMinecraftカップなど、いくつかコンテストで審査員をしています。イベントにも顔を出しています。お子さんと会話をする機会もおかげさまでたくさんいただいています。

そのときには、結果だけではなく工夫を見つけ、ほめるように心がけています。仮にまったく見た目が同じものを作っている子が二人いたとしても、そこにいたるまでのプロセスは絶対に違いますし、そこにはその子たちそれぞれの工夫が絶対にあります。それを見つけて、それをほめたいのです。

他のお子さんと違うところがあったら「他の人みたいにしないと」では、ありません。「○○くん、○○ちゃんみたいにして」では、絶対にありません。プロセスの違いは個性であり独自の工夫。違いを見つけたとき言うべきは「こうしてみたんだ。すごいね」です。

実はこれは、結構、難しいことです。結果だけを見て「かっこいいね」「上手だね」と言うのとは、比べものにならないほど大変です。その子なりの工夫というのは、よく見なければ気付かないものだからです。しかしそれができる一番近い人、それが親なのです。

私がワークショップなどで、なんとかして参加者の創意工夫部分を見つけてほめたいと思うのは、自分自身も、結果よりも工夫をほめられたほうが嬉しいからです。頭を使って考えた作戦に気付いてもらえると「そうそう、そこを頑張ったんだよ！」という気持ちになるからです。

たとえば壁の向こうに隠した回路に気付いてもらえたとき、屋根の裏側の「垂木」の工夫に気付いてもらえたとき、表からは見えない地面の下の基礎部分や天井裏にすらリアルな構造を施していることに気付いてもらえたとき、敷設したコマンドやシステムが普通ではなく独創的で巧妙だと気付いてもらえたとき、心の中で大声で「うぉっしゃぁーーっ!!!」と私はガッツポーズしています。

きっと子どもたちの作品にもそういうところが必ずあります。

そしてそこに一番気付ける人がいるとしたら、それは保護者の皆さんなのです。家庭であれば、親だから気付ける、親だからほめてもらえて、認めてもらえて子どもたちは嬉しいのです。

　私自身、子どものころにほめられた記憶がほとんどないのです。どんなにいい成果を出してもそれが当たり前という家で育ったので、ほめてもらいたいお子さんの気持ちは痛いほどわかります。私のノートパソコンに「褒められて伸びるタイプです」というステッカーを貼って、出先で必ず皆さんに見せるくらいに（笑）。

タツナミのパソコンに貼られたステッカー。
この面を相手に向けて楽しく話す。

　ですので、少し大変だと思いますが、ぜひお子さんのプロセスを観察し、それをほめてあげてください。プロセスとは、取り組む前と取り組んだ後の差分、つまり成長に他ならないのですから。

一緒に楽しめればもっといい

伴走者では飽き足らない、ほめるだけでも物足りない、もっとかかわりたいという親御さんは、ぜひ、マインクラフトをお子さんと一緒に楽しんでください。そうです、ご自身のアカウントを作ってプレイヤーとして、マインクラフトの世界に飛び込んでください。

私のSNSのアカウントには、「ついに私も子どもと一緒にマイクラを始めました」といった声や「子どもと一緒にマイクラをしようと思ってパソコンを新調することにしました」「ニンテンドースイッチを頑張ってもう一つ買いました」という声などが寄せられることがあります。

特にそれは講演会の後によくお聞かせいただける大変嬉しい声です。子どもたちにとっては大人が歩み寄ってきてくれた、奇跡のような喜ばしい瞬間でしょう。

マインクラフトがここまで大きなプラットフォームに育ったのは、子どもだけでなく大人もプレイしているからです。子どものころからプレイしていた大人も、私のように、大人になってから始めた大人もいます。大人の皆さん、どうぞ仲間になりましょう。いつでも皆さんを歓迎します！

そうすれば、マインクラフトの世界でマルチプレイヤー同士として、お子さんと接することができます。

実はこれは、とても貴重な経験だと思います。

子どもにとって大人、特にお子さんにとって親は、常に先を行く存在です。教えるのはいつも親、教わるのはいつも子どもです。

でも、マインクラフトはどうでしょうか。マインクラフトのない子ども時代を過ごした大人と、頭が柔軟な子どものうちにマインクラフトを知りえた子どもとでは、子どものほうがすんなりと、マインクラフトの何たるかを身をもって理解し、その理解を深められるのではないでしょうか。

そうなると、マインクラフトの世界ではお子さんが親御さんに教えることもたくさん出てくると思います。

親御さんより、お子さんのほうが先んじているくらいがちょうどいいと私は思います。

というのも、子どもは大人、特に親の本心にとても敏感で「自分はこうしたいけど、親は本当はこうさせたいんじゃないのかな」と気付くと、親の希望に沿おうとすることが多々あるからです。

でも、親に「こうしたい」がなかったら？

お子さんは親御さんに遠慮せず、自主的に前に進んでいくでしょう。親御さんがついてこられないなんてことがないように、気をつかってさえくれるでしょう。

これは親子にとって、とても貴重な経験になると思うのです。

お子さんにとっては、自分よりもおぼつかない親の姿は新鮮です。教えてあげたい、助けてあげたいという気持ちが芽生えるでしょうし、どうやったら理解してもらいやすいか、楽しんでもらえるかなども、お子さんなりに考えるはずです。

そうしたお子さんの姿は、親御さんにとって眩しく映るに違いありません。まだまだ小さいと思っていたはずの我が子は、こんなことまで知っているんだ、こんな風に教えられるんだと成長を実感できて、感激するはずです。

それに何より、最も近くにいるマインクラフト仲間になれます。

実生活では親と子でも、マインクラフトではフラットな冒険仲間、クラフター仲間同士として楽しめるなんて、とても素敵な関係だと思います。

サプライズは厳禁、パソコンも一緒に選ぶ

前述のように「パソコンを新調することにしました」という保護者の方がいたり、第1章でもお話ししましたが「マインクラフトはパソコンでやらないと損である」という話からも、マインクラフトで学ぶことを真剣に考えるのであれば、早めに適したパソコン端末に慣れさせるのは悪いことではないと考えます。

そして親御さんには、お子さんと同じ高さの目線でマインクラフトを楽しんでほしいです。それは、プレイするときだけでなく、プレイの準備段階からそうです。具体的には、パソコンの購入から、親御さんとお子さんで一緒に作戦を練って実行に移してほしいです。

なので「マインクラフトをやりたがっている我が子に、パソコンをサプライズプレゼント!」ではなく「マインクラフトをやるには、どんなパソコンが必要かな?」から始めてほしいです。パソコン選びという一大プロジェクトを、親子で堪能してほしいのです。

パソコン選びはマインクラフトそのものではないので、この部分では親御さんがリードをしてあげてください。パソコンはどんなポイントに気をつけて選べばいいのか、

そもそもそういった情報はどうやって調べればいいのかなど、実践しながら教えてあげてほしいのです。そうやってパソコン購入を共同プロジェクトとして、色は白がいいか黒がいいかなど、お子さんの希望を取り入れてほしいと思います。

それらもすべて、お子さんにとってかけがえのない体験です。多少の失敗はいい思い出です。将来、お子さんが自力でパソコンを選ぶとき何に注意するかの参考にしてもらえるなら、「そういえば昔、親と一緒に選んで失敗したな」と懐かしく笑って思い出してもらえるなら、十分ではないでしょうか。

感情表現が豊かな子もいる、思いを秘めたい子もいる

お子さんだけがマインクラフトで遊び、親御さんはそれを見守ることを選ぶのであれば、お願いがあります。マインクラフトについてお子さんに質問するのは、マインクラフトをしていないときにしてあげてください。

マインクラフトで遊んでいるときに、何を作ろうとしているのか、頭の中がきれいに整理されているお子さんなら、遊んでいる途中でもしっかり対応できるでしょう。でも、たいていのお子さんは、何をどんな風に作るかで頭がいっぱいだと思います。

喋りと両立できず効率が良い建築ができなかった生放送も一つや二つではない。

そういうときには、話しかけられてもうまく答えられないこともあります。

何を隠そう、私自身がそうです。

私は自分のYouTubeのチャンネルでマインクラフトについて情報発信を続けていますが、どうにもいまだにリアルタイム実況が苦手です。話しながら同時に建築をするのが苦手なのです。たとえ、自分の手の動きを説明するのであっても、うまくいきません。チャットを見て質問にも対応しながらという、マルチタスクなんて私にとってはとてもハードルが高いです。やはり建築するなら建築に集中したいのです。

それから、今もその傾向があるのですが、私は、マインクラフトで何を作ろうとしているのかを制作途中で誰かに教えたり口にするタイプではありません。近ごろは、言葉にすると夢は叶う、やりたいことはたくさんの人に伝えておくとチャンスがやってくるという考え方も多いようですが、私はその流行には完全に乗り遅れています。大作を作っていたことを明かすのは、いつでも、自分が納得いくまで作り終えた後です。

なぜなら、情熱や夢は、自分の内側に秘めておきたいのです。誰かに話してしまうと、その熱が霧散して冷めてしまうような怖さがあるのです。

きっと私のようなタイプのお子さんもいるはずです。そんなお子さんには、無理やりにマインクラフトのことを語らせなくて大丈夫です。黙って熱中しているのは、完成したときに成果をジャジャーンと発表してまわりを驚かせたいからかもしれません。そうであるならば、集中して取り組めるよう、静かに見守ってあげてほしいです。そして何か資料や参考になる本、ヒントになる動画やテレビ番組、たまにはおやつなどをそっと彼らのそばに置いてあげてください。それだけでもきっと最大の応援をしてくれていると感じ取ってくれるでしょう。

約束は子どもに作らせよう

子どもにゲームをやらせたくないという親御さんの多くはその理由に、「ゲームばかりやっていて、やめろと言ってもやめないから」ということを挙げます。確かに、ご飯も食べず宿題もやらず没頭されてしまっては、心配になるかもしれません。本音を言えば私は、集中して遊んでいるときには続けさせてあげてほしいのですが、なかなかそうもいきませんよね。

なので、マインクラフトで遊ぶときの約束ごとを作っていいと思います。たとえば「マインクラフトを黙って始めない。遊ぶときには『マインクラフトをやる』と宣言してから」とか「平日はマインクラフト時間で三日間、もしくはリアル時間で1時間（マインクラフトの世界の一日は、現実世界の20分間です）」といった具合です。

こうした約束は、親御さんが作ってお子さんに守らせるのではなく、一緒に考えて作るか、お子さんに作ってもらって、守ってもらうというのでどうでしょうか。

こういった約束事を親子で行い、上手にペアレンタルコントロールを活用すると効果が出てくること。逆に厳しすぎる使用制限が逆効果になってしまうことは、臨床心理士の森山沙耶先生が多くの記事を書いていらっしゃいますので参考にしてみるのもいいかもしれません。

また、インタビューに答えてくださった正頭先生が言われているように、時間で区切らない、作業の進捗で区切るというのも、とてもいい方法だと思います。

子どもは他人、思い通りには動かない

いざマインクラフトを始めてみると、お子さんは、思っていたようには遊ばないかもしれません　もの作りをさせようと思ったのに、探検ばかりしている。論理回路を使ってほしいのに、ブロックを積み上げて満足している。作品を作り上げるより、壊すほうが多い、などなど。

もしもこうした想定外があっても、どうか、お子さんを想定通りの遊び方に当てはめようとしないでください。

たとえ我が子であっても、子どもはいつでも想定外のことを考えて、想定外のことをしたがります。

たとえば、こんなことがあるかもしれません。

今、マインクラフトに関する本がたくさん売られています。論理回路に関するもの、建物作りに特化したものなど、様々です。YouTubeでも多くの実況や、やってみた系の動画があって、私自身もたくさん参考にさせてもらっています。

ある日、お子さんが「論理回路についての本が欲しい」と言い出すかもしれません。そして、一緒に本屋さんに行くかもしれません。そして、いろいろと本を見ているうちに「やっぱり論理回路じゃなくて建築の本が欲しい」と言うかもしれません。

こんなとき、どうしますか？

「今日は論理回路の本を買うんだったでしょ」と言いたくなるかもしれませんが、でも、ちょっと待ってください。

気が変わったということは、好奇心の矛先が変わったということです。その方向転換の先には、素晴らしい才能発揮の場があるかもしれません。なので、その心変わりを受け止めてあげてください。

親子といえども、考えが100％一致することはありません。親の思い通りにならないことが多くあります。でも、思い通りにならないからこそ、親の想定をはるかに上回る成長をしてくれるのだと思います。これからの時代を生きていくお子さんたちに必要なのは、親御さんを追い越す力です。今はまだないものを作り出す力です。どうかその力を育む機会を、奪わないであげてください。

幸いなことに、マインクラフトは比較的、安全な場です。お子さんの自主性を育むのに適したプラットフォームと言えるので、できるだけ自由に遊ばせてほしいです。

インターネットの闇を遠ざけるのは親の仕事

親御さんは伴走者として見守るか、フラットな仲間として一緒にプレイするか、どちらかでマインクラフトとかかわっていただくのがいいと私は思っています。

ただ、親としてというよりも、幼い子どもよりも様々な経験を積んでいる大人として、絶対に行っていただきたいことがあります。

それは、インターネットの闇からお子さんを守ることです。

たとえば、マインクラフトの知識を得るため、YouTubeを見ることもあると思います。皆さんよくご存知のように、YouTubeにはいろいろな動画があります。グロテスクだったりショッキングだったりする映像もありますし、誰かをいじめて楽しんでいるようなものも、犯罪じゃないかなと思うようなものも、残念ながらあります。

最初はマインクラフトに関する動画だけを見ていても、いつの間にか、そういった動画がサジェストされ、つい近づいていってしまうこともあるかもしれません。

そうしたときこそ、親の出番です。大切なお子さんを、より彼らの成長につながる意味のあるコンテンツへと導いてあげてください。なんでもかんでも「これは見ちゃダメ」「これは見るな」と大人の力で無理やり禁止したり制限するのではなく、「これ見つけたんだ、面白そうだから一緒に見ようよ」といったように上手に導いてみてください。

また、マインクラフトでは他のいろいろなプレイヤーと交流できます。たいていの人は礼儀正しく、優しくて、一緒にマインクラフトを楽しめる仲間です。でも、中にはそうではない人もいます。現実社会と同じです。全員が善人ではないのです。お子さんが悪意ある人に傷つけられることがないように、どうか心を砕いていただきたいです。

だったら、マインクラフトそのものをやらせたくないと思われるでしょうか。

でも、今の時代の子どもたちは、必ずいつか、そう遠くないタイミングでインターネットを使い（もう使っているでしょうか）、そこで知らない人と交流をするようになります。

ですから、インターネットという荒海に漕ぎ出す前に、浮き輪が使えるマインクラフトという場とその周辺で、小さな怪我やちょっぴり嫌な思いも経験させ免疫をつけ、大怪我から自分自身を守れるよう、ルールや身の守り方を学ぶ機会を良いバランスで持っていただくのがいいのではないかと思います。少なくとも、一切のインターネットを遠ざけておいて、18歳になった途端に免疫のない状態でスマホを渡すよりも、ずっとお子さんのためになるはずです。

マインクラフトで親御さんにできることは、見守ること、伴走すること、そして、大人のアドバンテージを活かした適切な情報の収集と提供です。

親と先生以外の大人が子どもの可能性を大きく広げる

お子さんにとって、社会のほとんどは家庭です。残りの多くは学校や幼稚園・保育園などでしょう。なので、お子さんにとって大人といえば、家族か先生かどちらかです。

でも、当たり前ですが、世の中には親や先生以外の大人がたくさんいます。そうした大人とお子さんの間には、接点がありません。

しかし、たとえばマインクラフトの大会に参加すると、そこには主催者や審査員の大人がいます。私のようなマイクラおじさんもいます。

そうした大人は、お子さんに対して「あれをしなさい」「これはダメです」とはあまり言いません。「いいね」「そうだね」「頑張ってるね」といったことを言いがちです。ときには、親御さんにはいつも「ダメ」と言われていることについて「いいね」と言うかもしれません。知らない大人は無責任で気楽なものです。

でも、お子さんの視点に立ってみると、手前味噌かもしれませんが、そうした大人は面白い大人です。親とも先生とも違う、でも友達でもない、不思議な存在です。

そんな不思議な大人がいることをお子さんが知ると、きっと、世界が広がるはずです。人は、知らないものを好きになることはできません。知らないものに夢中になることはできません。だからこそ、知っているものの外へアンテナを張り、新しいものに触れたくなるのでしょう。

お子さんが新しい知に触れようとするとき、それをサポートするのは大人です。親御さんや先生は、毎日のようにその手助けをしてくれています。

でも、親御さんも先生も、知らないことは教えられません。

だから親御さんや先生はいろいろなことを学んでください！　と言うつもりはありません。私から見ると、たいていの親御さんは頑張りすぎです。たいていの先生は忙しすぎです。もう十分に頑張り尽くしてくれています。なので、親御さんや先生の知らないことに触れなければならない、そんなときは他の大人をうまく利用してほしいのです。親御さんは、マイクラおとうさん、マイクラおかあさんになる必要はありません。その代わりマイクラおじさんことタツナミは、お子さんの好奇心を広げるお手伝いがほんのちょっとでもできることを、とても嬉しく思っています。

一人で頑張らなくても大丈夫です。頼っていいんです。私のような大人も世の中にはいるんだということを、どうか忘れずにいてください。

教育の世界に導いてくれた大恩人

ここで私がマインクラフトと教育という二つの可能性の塊を、自信をもって一つに昇華し、そして仕事として人生をかけて本気でやっていこうと決断することができた、いえ、私の背中を強く優しく押して私に決断する勇気をくださった方とのことをお話ししたいと思います。

この方がいなかったら、今マイクラおじさんはこの世には存在していなかったと断言します。

私を教育の世界へ導いてくださった、そして私を〝マインクラフト教育〟というライフワークに到達させてくれた、私の人生に絶対欠かせない大恩人、元日本マイクロソフトの原田《はらた》英典《ひでのり》さんとのお話です。

タツナミが聞く！ インタビュー③

原田《はらた》英典《ひでのり》氏（元日本マイクロソフト ティーチャーエンゲージメントマネージャー）

2001年にマイクロソフト社に新卒入社。Internet Explorer製品開発・保守を担当後にプロダクトマネージャーとしてOSやブラウザーなどの国内展開を担当。その後、教育版マインクラフトの国内リリースを担当。その後、テクノロジー業界で様々な製品戦略の立案や推進を担当。

人生で必要なことはすべてマインクラフトで学べる

――原田さんは、日本マイクロソフト在籍時、日本でMinecraft Education（教育版マインクラフト。以下、教育版）の普及に尽力されていましたね。私も大変お世話になりました。

原田氏　こちらこそお世話になりました。2014年にマイクロソフトがスウェーデンのMojangからマインクラフトの事業を買収してから、どんな風に展開するかを社内で話し合っていた時期がありました。その展開のうちの一つが、それまではJava版しかなかったアプリのマルチプラットフォーム化であり、また別の一つが、教育分野での活用でした。買収前の段階でも社内教育に使うケースはあったのですが、それをより使いやすく、さらに、クオリティを高くするというのが、教育版開発のスタートでした。タツナミさんに初めて会ったのも、そのころですね。

――今でも覚えています。すでにマインクラフトにどっぷり浸かっていた私は、たまたま、マインクラフトの教育版が開発されるという噂を聞きつけ、マイクロソフトのホームページから関係部署のアドレスを探し出して、「できることがあれば協力したい」とメールを送ったんです。そうしたらすぐに返事が来て、身一つで恐る恐る品川の本社に行ったら、そこで待っていてくださったのが原田さんなんです。

原田氏 一緒に、社員食堂で昼食を食べましたね。

——それもよく覚えています。原田さんに「マインクラフトのエバンジェリストになってください」と言われたことも。

原田氏 そうでしたね。当時は、マインクラフトを教育に使おうという、ある意味でリスクがある呼びかけを一緒にやってくれる教育関係者が多くなかったんですよね。なぜなら、マインクラフトはゲームだと認識されていたからです。

——ゲームを学校に持ち込むなんてとんでもない、と。

原田氏 普通、そう思いますよね（笑）。ただ、いろいろと話をしていくうちに、子どもたちのために、新しいテクノロジーやツールを導入したいという、とても熱い教育関係者がいることもわかってきました。

——教育関係者、特に学校で子どもたちに教えている先生たちから聞いた中で、印象的だった話はありますか。

原田氏　ヒアリングをもとに、教育版にどのような機能をもたせるかを詰めていったのですが、当初は、先生側で、子どもたちの画面を制御できるような機能が必要だと考えていました。たとえば、先生が説明をしている間は、何をしても画面が反応しないようにして説明に集中してもらうためにです。ところが先生たちは、そんな機能は必要ないと言うんです。その機能がなくても、先生が「一旦作業を止めて話を聞いて」と言えば、子どもたちはちゃんとそのとおりにするそうなんです。ここに、ソフトウェアを作っている会社と、人間に向き合って教育をしている人たちの違いを感じました。

——ちゃんと説明すれば、子どもたちは勝手なことはしないものです。私もワークショップのときには「リアルの世界でやらないことは、マインクラフトでもやらないようにしよう」と呼びかけます。すると子どもたちは、他の人の作品を破壊して回るようなことはしません。機能的にはできるのにもかかわらず、です。

原田氏　そうした経験を、システムを制御することで奪ってしまわなくて良かったなと思いますね。

――本当にそうですね。では、熱い教育関係者に出会ってからは、教育現場への導入はスムーズに進んだのでしょうか。

原田氏　それがそうでもありませんでした。というのも、日本の学校は教育計画で決められた単元の数を守らないとならないんです。この学年はこの科目を何単元、といった具合です。すると、マインクラフトの入り込む余地がないのです。先生方がどれだけマインクラフトが子どもたちの間で人気があるかを知っていて、それを授業に活用したい、まだ誰もやったことのないチャレンジをしたいという意欲を持っていても、そこを突破していただくのはそう簡単ではなかったです。

――立命館小学校の正頭先生も、もともとは英語の授業に取り入れています。何かの科目にマインクラフトを使う、という建付けが必要なんですね。

原田氏　それからもう一つ、これは今では解決しているのですが、当初はライセンスの問題で、学校以外の民間教育機関、たとえば塾とかプログラミング教室では、教育版を使ってもらうことができなかったのですが、日本中の民間教育関係者から多くのリクエストをいただきました。おそらく、教育版に対するリクエストでは世界一多かったと記憶しています。

――教育版が使えるようになったおかげで、今、塾はめっちゃ盛り上がってますよ。

原田氏　それはありがたいですね。

――これは教育版に限った話ではありませんが、頻繁にアップデートがあるので、飽きないんですよね。2023年に入って、見た目はピンクのブロックである新要素の桜のバイオームが追加されて、「うわーきたきた」って話題になっていました。なんで子どもたちはマインクラフトが好きなんでしょうね。

原田氏　マインクラフトって、ブロックを置く・崩すしかないゲームなんですね。デジタルの世界で、とってもアナログなことをするんです。みんなが称賛するような作品も、その置く・崩すを積み重ねて完成しています。上級者も初心者も、やっていることは置く・崩すという同じことなんです。その置く・崩すを繰り返すことで、いかにして自分の妄想を具現化するか。子どもたちはそこに面白さを感じているのかなと思います。マインクラフトには地球8個分の世界が広がっていますが、まさに子どもたちにとってはマインクラフトはフロンティアなのでしょう。

――シンプルな作業の先に壮大な作品があるんですものね。あと、マインクラフトは世界中にプレイヤーがいますが、特に日本で人気ですよね。これはなぜなのでしょう。

原田氏　実は、関連本も圧倒的に日本で多く出版されているんです。人気の理由は、まず、マインクラフトは言語のいらないゲームであることが大きいと思います。説明がいらない、ビジュアルだけで通じるゲームなので、英語版でも問題なく遊べたことが一つ。しかも、ブロックを置く・崩すですから、これはドット絵やExcel方眼紙という文化を生み出した日本と相性が良かったのかもしれないですね。

――だとすると、マインクラフトの世界のトップクリエイターに、日本人が何人も名を連ねることになるかもしれませんね。

原田氏　十分に考えられると思いますし、マインクラフトから離れた他の分野でも、マインクラフトでの経験を活かしてもらいたいと思います。マインクラフトに触れることは、イコール、何かを作ることなんです。マインクラフトで遊ぶ人は、必ず何かを作ることになります。マインクラフトはゲームで誰にでも簡単に始められますから、マインクラフトでファーストステップを体験し、リアルなり他のデジタルツールなりに移行していくというパスが十分に考えられます。子どもたちにとって様々な体験の入り口になると思っています。

――本当にそうですよね。以前、原田さんがロバート・フルガムのベストセラー『人生に必要な知恵はすべて幼稚園の砂場で学んだ』をもじって「人生で必要なことはすべてマインクラフトで学んだ」とおっしゃっていましたが、まさに、マインクラフトはデジタルの砂場だと私は思っています。

原田氏　そう考えると、桜のバイオームがなかったときのほうが、よりクリエイティブだったかなとも思います。みんな、ピンクのコンクリートやガラスを使って、桜を表現していましたよね。

――そういう側面もあるかもしれませんね。自分で考えて工夫する余地があったというか。

原田氏　私は何度もタツナミさんが子どもたちに声をかける様子を見てきましたが、タツナミさんは、子どもたちに考えさせるような、ヒントのヒントのようなことは言うけれど「こうすればいいよ」「もっとこうするといいよ」といった答えは言わないですよね。

――言わないです！　だってそれ、最悪のネタバレじゃないですか。自分で考えて工夫したいのに答えを言われてしまうなんて、ネタバレ以外の何ものでもないですよ。

原田氏　さすがですね。子どもたちも、自力でやってみたいし、それで仮に失敗したとしてもその先に何かあることはわかっているんですよね。

――マインクラフトを楽しんでいるお子さんの親御さんには、ぜひこのことを知っていただきたいです。

原田氏　そうですね。あと、YouTubeで公開されているのと同じ建物を作ったり、同じ回路を作ったりしても「二番煎じだ」なんて言わないでほしいとも思います。まったく同じことをやってもいいと思うんですよ。だって、真似すらしない人のほうがはるかに多いのだから。それよりも「やったんだ」「できたんだ」という気持ちを、自慢できる場を設けてほしいです。

――それは私も常々思っていることです。発表してほしい、アウトプットしてほしい。

原田氏　世界経済フォーラムは、日本のクリティカルシンキング教育は141か国中87位だとしています（2019年時点）。論理的に考え、伝えるという経験を積めば、この数字はきっと改善されるはずです。それに、ただ遊ぶだけでなく、誰かに対してその内容を伝えれば、マインクラフトは消費行動だけではなく、価値を生産する行動になります。スポーツも、ただ練習するだけでは訓練の域を出ませんが、試合に出てプレイをすれば、価値を生産しますよね。それと同じだと思います。

――私もそうですけど、人って何かをしてほめられるのが好きなはずです。子どもならなおさらです。

原田氏　ほめられる経験が、自己肯定感を高めることにつながると私は思います。あと、親御さんにお願いしたいのは、「子どもたちがやっていることに共感してください」ということ。子どもたちは、誰からでも共感されたいわけではないと思います。もちろん、ＡＩに共感されたいとも思っていない。やっぱり、親に共感されたいんです。

原田さんに押してもらった背中を、今では全国の子どもたちが
見てくれています。生涯の恩人です。

第7章　マインクラフト育ちの子どもたちが作る未来

マインクラフトは好奇心の持ち方を教えてくれる

もう何年も前から、定年退職で燃え尽きてしまう大人が話題になっています。与えられた仕事をガムシャラにこなし続け、その仕事から離れた後、何もすることがなくて、気力を失ってしまうのです。「せっかく自由な時間ができたのだから、好きなことをすればいいのに」と言われても、そういった人たちには好きなことがないようなのです。本当は、好きなことがあったはずなのに、あまりに長く働くことばかりに集中した結果、何が好きだったのかを忘れ、その好きだったことの楽しみ方も忘れてしまったのでしょう。残念なことだと思います。

そうした傾向は、若い人や子どもにも見られるような気がします。いい点数を取ること、外部からいい評価を受けることも、人生では必要なことだと思います。少なくとも、点数は悪いより良いほうがいいし、外部からの評価についても同じです。

でも、それだけを追求する人生は、果たして楽しいでしょうか。

あまり面白くないのではないかと思います。豊かなのかというと、そうではないように思います。

やりたいことがたくさんあって、夢中になれるものがたくさんあって、そのための時間とお金を仕事によって確保するという人のほうが、いきいきと暮らしていけるのではないでしょうか。

人は、点取り競争や評価競争のような、もっと言えば相対的に評価されるためだけに生まれるのではないと思います。後白河法皇が編纂した『梁塵《りょうじん》秘抄《ひしょう》』には、「遊びをせんとや生まれけむ」と、人は遊ぶために生まれてきたのだろうかという疑問が綴られており、陶芸作家の河井寛次郎の言葉にも「此世は自分をさがしに来たところ、此世は自分を見に来たところ　物買って来る　自分買って来る」（『いのちの窓』東方出版）とあるように、どちらかというとこちらが正解だと思います。

人は自分の好きなことを探し、そして好きなことをするために生きているのだと思うのです。

そうだとするならば、誰がなんと言おうと絶対的に好きなことがない、好きなことを忘れてしまったというのは、とても悲しいことではないだろうかと思います。まして好きなことに出会ったことがないというのは、もっと悲しいことだと思います。

マインクラフトは、好きなものを見つける上で格好のプラットフォームになりえます。なぜなら、マインクラフトではなんでも自由にできるから。

もしもマインクラフトが戦うだけのゲームであったら、戦うのが好きな人はその面白さに気付けますが、そうではない人は、本当はそのゲームとの相性が良くないだけなのに「ゲームというものは面白くない」と思い込んでしまうかもしれません。もしかすると、探検とかもの集めとか、他のゲームとはとても相性がいいかもしれないのに、その相性のいい楽しいことと、出会う機会を自ら閉ざしてしまいかねません。

その点、マインクラフトのプレイスタイルは自由です。どんな風に遊んでもOKです。そして遊んでいるうちに、みんながみんな、自分と同じプレイスタイルではないことに気付くでしょう。そのプレイスタイルが、自分らしさであり、自分は何が好きかを示すものです。

マインクラフトは、いつの間にかプレイヤーに個性を授けるプラットフォームなのかもしれません。

自分に個性があると知っていれば、他の人にも個性があることを自然と理解できます。違うことを受け入れ、認め合うことができます。

今、盛んに多様性ということが言われていますが、多様性とはまさに、違いをわかり合うこと、そしてリスペクトして認め合うことです。その理解を深めるには、まずは自分を知る必要がありますが、マインクラフトはその探究をサポートしてくれます。

一つの結論に至るまでのルートはいくつもある

個性は、マインクラフトでは作品に表れます。何を作るのか？　材料は？　そこにはどんな仕掛けがあるのか？　同じ作品は、世界に二つとないはずです。マインクラフトは、人の考えや好みは異なっていること、そしてそれらに優劣はつけられないことを教えてくれます。

Minecraftカップのようなコンテストでは順位がつきますが、私の場合、作品そのものよりも、その作品が完成に至るまでのプロセス、「知的活動」を重視します。なぜそれを作りたいと思ったのか？　どのように情報を集めたのか？　他の方法は検討したか？　その上でなぜこの方法を選んだのか？　などなど、どんな風に自分の頭で考えたのか、他の人にはない工夫をしたのかをできるだけ知った上で、それを評価します。

プロセスには、作品以上に個性が反映されます。

仮に、Minecraftカップで、まったく同じ作品が二つ、出品されたとしましょう。こんな偶然、まずありえないのですが、百歩譲ってあったとします。

同じ作品があっても、絶対にプロセスは違います。工夫をした箇所は違います。千歩譲っても万歩譲っても違います。同じ作品に至ったとしても、人間の指紋が一人一人違うようにそれまでのプロセスも違うのです。このことは、人はみんな個性を持っているのと同じくらい大切なことを教えてくれます。

同じゴールに向かうのだとしても、いくつもの行き方があるということです。

人生には、うまくいかないことが必ずあります。いつでも思い通りというわけにはいきません。たとえば受験の失敗とか、大切だと思っていた試合で負けてしまうとか、残念ながら望んだ結果が手に入らないことで、それまでの努力が無駄に感じられることもあるかもしれません。

でも、そこで望んでいた学校に入れなかったとしても、それ以上試合に出られなかったとしてもそれで終わりではありません。むしろ人生はそこから次が始まっていくのです。もちろん、志望校合格、大会での立派な成績は人生の一つのステップではありますが、それすらも後の長い人生においてはただの小さなステップに過ぎないのです。

トライ&エラーを重ねて、方向修正をして、目指すものを作り上げたことのある人なら、身をもってそのことを知っています。だから、じゃあ次はどうすればいいかをすぐに冷静に効率的に考えます。そうして前を向き、その先の目標に向かって進んでいきます。

マインクラフトは人生に必要ないろいろなことを教えてくれます。私もたくさんのことを学ばせてもらいました。そのうち、最も大きな教えは「失敗したらやり直せばいい」「そもそも、取り返しのつかない失敗はほとんどない」ということだったように思います。

2023年春、私は静岡の常葉大学で造形学部の講師となりました。そして夏には大学院の研究員にならないかと、あの東京大学の教授直々に誘っていただき、なんと東京大学大学院の客員研究員に着任するという出来事が起きました。マインクラフトの面白さに気付き、のめり込み、教育にも使えるのではないかと考え、そうした発信をしてきたことがここにつながったのかと思います。

家庭の事情で大学に行きたくても行けなかった私が、大学生という時期をすっ飛ば

タツナミ作「黒の城」。マインクラフトで大人数の攻城戦を楽しめるワールド。

タツナミ作「桜の城」。プログラミングのステージが併設された教育用ワールド。

タツナミ作「EDO BON DANCE」。マーケットプレイス配信作、江戸時代再現ワールド。

し巡り巡って大人になってから大学で教える立場に立つなんて。

どこか妙な気もしますが「徹底的に追求すればゲームも大学の教材にできるし、大学に行けなかった人間でも大学生の皆さんに何かを教えることはできる」という、そんな前例のないことも、証明できたような気がしています。

芸は身を助けるけれど一芸に秀でなくても良い

今は、いろいろなことが仕事になる時代です。趣味の様子をYouTubeに投稿したり、インフルエンサーとしていろいろな商品やサービスを紹介することで収入を得たり、私が子どものころには存在しなかった仕事、想像すらできなかった仕事をしている人がたくさんいます。プロゲーマー、プロマインクラフターと呼ばれる人たちもそうです。

でも私は、すべてのお子さんにプロマインクラフター、言い換えると、マイクラおにいさん、マイクラおねえさん、ましてやマイクラおじさんを目指してほしいとは思っていません。

マインクラフトが大好きな人は、マインクラフトを仕事にしたいと思うでしょうし、その仕事のあり方は千差万別だと思いますが、でも、子ども時代にマインクラフトに夢中になっていた人が全員、マインクラフトにかかわる仕事に就くわけではありません。

電車に夢中だった子が全員、鉄道会社に入るわけではないですし、アイドルに憧れていた子が全員、アイドルになるわけではないのと同じです。

今、マインクラフトに夢中になって遊んでいるお子さんたちのうち、マインクラフトで収入を得られるのはほんの一部ではないかと思います。

それでも、マイクラおじさんとしては、子どものうちにマインクラフトに親しんでほしいと思っています。その理由は、これまで書いてきたとおりです。

今、マインクラフトで遊んでいれば、将来、マインクラフトを仕事にできる可能性がある。

今、マインクラフトで遊んでいれば、将来、マインクラフトと直接は関係なくても、マインクラフトで培った能力を活かした仕事ができる可能性がある。

今、マインクラフトで遊んでいれば、将来、マインクラフトとはまったく無関係の仕事に就いたとしても、いつでもマインクラフトを再開して楽しむことができる。

これらの三つの可能性は、マインクラフトで遊んでいなかった人は授からないものです。

人生のどの場面で過去のどんな経験が活きるのかは、その場面にならないとわかりません。ただし人は誰しも、特定の場面によって活用できる過去を持っています。

その過去の内容や量は、人によって違います。いろいろなことをしてきた人は、いろいろな場面で活かせる過去を持っています。

多くのお子さんにとって、マインクラフトはそうした様々な場面で活かせる秘密の武器を身につけるプラットフォームです。第4章で触れた、学校の授業で役立つシーンはそのほんの一例に過ぎません。それ以外でも、仕事で、遊びで、趣味で、人付き合いで、マインクラフトでの経験がきっと役立つことがあるはずです。

言ってみれば、マインクラフトとは、いつか回収する伏線を張りまくれる遊びなのです。その伏線は、今はまだない職業に就こうとするとき、世の中に新しい変化を起こそうとするとき、はたまた、疲れ切って何もする気になれないときなど、今からは想像しえない場面でこそ、輝くはずです。

そんな輝きがあちこちで見られる未来では、今よりももっと素敵で、居心地が良くて、たくさんの人が幸せに暮らせているでしょう。

マインクラフトにタイパを求めないで

パソコンでマインクラフトを遊ぶには、パソコン本体とソフト（アプリ）が必要です。それなりに時間もかかります。親御さんの中には、それを心配している方もいらっしゃいます。その気持ち、とてもよくわかります。

でも、もうここまでお読みの方はおわかりかと思いますが、マインクラフトはそれだけの投資をするに値するプラットフォームです。パソコンはだいたい、10万円から20万円ほどでしょうか。ソフトは数千円。おもちゃだと思うと高いですが、様々な経験、それを通じた自信を得るためのツールと考えれば、コストパフォーマンスは、実は高いと私は思っています。

マインクラフトでは、大作に挑めば挑むほど時間がかかります。これはマインクラフトに限った話ではないですね。大きくて、凝っていて、精緻なものを作ろうとすればするほど、時間はいくらあっても足りません。

マインクラフトでは、大作を作るには時間がかかるという当たり前のことを、経験を通して身につけられます。

何もかもがスピードアップしている今の世の中で、今日注文した商品が明日届くことに慣れている私たちは、欲しいものはすぐに手に入ると勘違いをしがちです。

でも実際にはそんなこと普通はありません。建物を建てるには、プログラムを組むには、野菜を育てるには、時間がかかります。どんなに世の中が進化しても、田植えの次の日に食べられる米はありません。

マインクラフトでの時間の流れは、そうした当たり前のことを教えてくれます。なので、マインクラフトが時間のかかる遊びであることは、デメリットではありません。むしろ、メリットです。

よく言われるように、今日知って明日役に立つことは、明後日には陳腐化します。タイパよく身につけられる小手先のテクニックは、しょせん小手先に過ぎないのです。でも、そうした小手先のテクニックであっても、積み重ね磨くことで、誰にも真似できないスキルになります。それができるのは、それなりに時間を費やした人だけです。

マインクラフトには、タイパを求めないでください。タイパについて学ぶ機会は他にいくらでもあります。マインクラフトは、タイパでは語れない世界があることを示しているのです。

マインクラフトと相性が良くなかったら

多くのお子さんはマインクラフトが大好きです。でも、全員ではありません。

多くのお子さんはチョコレートが好きですが、好きではない子がいるのと同じです。多くのお子さんはカレーライスが好きですが、好きではない子がいるのと同じです。好き嫌い、相性の善し悪しも個性です。

もしもお子さんがマインクラフトで遊びたがらなかったら、無理強いはしないでください。

「将来のために、しっかりマインクラフトで遊びなさい！」なんて、決して言わないでください。

今はマインクラフトに関心を示さない子でも、自分の中でタイミングを迎えたと思ったら、やってみるという子もいます。それまで待ってほしいのです。

もちろん、そのタイミングがやってこない子もいます。

それも、個性です。きっと、マインクラフトではない他の何かと最高の相性を持っているのでしょう。

であれば、親御さんのすることはただ一つ。その最高の相性を持つ何か、お子さんの「好き」を深めるための何かを探す手伝いをすることです。

私自身はマインクラフトが大好きなので、プレイヤーが増えてくれればいいなとは思います。でも、それは強制的に増やすようなものではありません。本当は嫌なのに、大人がやれと言っているからと渋々、マインクラフトに手を伸ばすなんていうことが、どうかありませんように。

子どもにとって、ぴったりのプラットフォームを見つける

私は昭和の時代に青森で生まれました。

子どものころの私は、『キテレツ大百科』という、今思えば完全にＳＦな漫画が大好きでした。小学生のころには、学校を休んで当時は東京・晴海で行われていた東京モーターショーに連れて行ってもらったこともあります。すごく速く走れる車のエンジンなどを見るのが大好きだったのです。科学系の博物館もお気に入りで、１９８５

年には同じく学校を休んで「つくば科学万博」にも行きました。夜は自作の望遠鏡で月や星を見ていました。

そして、学校の授業では、理科が抜群に得意でした。でも、だからといって「理系の分野に興味があるから理科の成績がいいんだ」とは思っていませんでした。『キテレツ大百科』は大好きな漫画、エンジンはとにかくかっこいいもの、つくば科学万博はどうしても行ってみたいところ、これらとは別に、理科は得意な科目として存在していたのです。

その関係——理科が得意なのは、要するに理科が好きだからなのでは?——にたどり着いたのは大人になってからです。マインクラフトというエデュケーションとエンターテインメントが融合したエデュテインメントのプラットフォームに深くかかわるようになってからです。

要するに理科が好き。それに気付くのに時間がかかったのは、『キテレツ大百科』もエンジンもつくば科学万博も宇宙も、私にとっては最高のエンターテインメントだったからです。子どものころの私にとって、エンターテインメントとエデュケーションは完全に独立したものでした。

でも、もっと早く好きなものと得意なものとの関係に気付いておけば良かった、とは思いません。むしろ、大好きなエンターテインメントが学校の授業と実はつながっているると知ってしまっていたら、エンターテインメントのほうまで嫌いになってしまっていたかもしれません。漫画にもエンジンにも科学にも宇宙にも、純粋に楽しいものとして接することができて幸せでした。

実は逆に苦い経験もあります。英語です。私は小学生のころに祖父に無理やり日常でも英語を話せと強要されてしまったことで、英語に対して苦手意識と大きな嫌悪感を持ってしまい、結果的に英語の成績が中学校、高校と非常に悪い結果となってしまった経験があります。そのときのことを考えると、英語のアニメを見ながら歌って踊って自然と英語を身につけている私の子どもたちがうらやましいです。

この本で私は、マインクラフトは子どもの能力を引き出せる、学校の成績も上がる可能性があると書いてきましたが、それは結果だと思います。楽しくてやっているうちに、副次的に、いろいろな力が身につくのだと思います。

ですから「将来のためになるから」「成績がアップするから」とお子さんにマインクラフトを強要するようなことはしないでほしいなと思います。

また、中にはマインクラフトとは相性の良くないお子さんもいると思います。それはお子さんの個性です。やはり無理やりにマインクラフトで遊ばせないでください。そのお子さんには、もっと適した、もっと潜在能力を発揮できる、いいプラットフォームがあるはずです。

親御さんにはぜひ、マインクラフトも加えたいくつかのプラットフォームの中から、お子さんに「これがいい」という一つを選び出す手伝いをしてあげてほしいです。言ってみれば、ぴったりなプラットフォームを選び出せる多彩なメニューを作るまでが親御さんの仕事。あとは、お子さんが選んだものに取り組むのを見守り、伴走し、一緒に遊ぶだけです。

好きなものは「私」を救ってくれる

高橋名人をご存知でしょうか。私と同世代の方ならピンとくると思います。1980年代半ばに一世を風靡した、コントローラーのボタンを16連射することで有名なファミコンの名プレイヤーのことです。ゲームが大好きだった子どものころの私にとって、高橋名人は憧れの存在でした。

その高橋名人が、1986年発売のゲーム『スターソルジャー』のプロモーションのため、「全国キャラバン」というイベントで全国を巡っていたことがあります。当時、高橋名人はハドソン（現・コナミデジタルエンタテインメント）の社員でもあり、その高橋名人はハドソンから新しいゲームが出るたびに、全国のスーパーや催事場でその宣伝を担当していました。

高橋名人が全国キャラバンをしていたとき私は10歳でしたが、もちろん、見に行きました。ゲームの名人という、私の近くにはいない大人はとてもかっこよくて、ステージ上の高橋名人を首が痛くなるくらい見上げていたのをよく覚えています。

たぶんそのとき、私は高橋名人にはっきりとした憧れの気持ちを抱いていました。たぶん、というのは、そのときの気持ちを私は誰とも共有していないからです。

私は自分が好きなものについて誰かに話すことがほとんどありませんでした。その傾向は、中学生になるころにはもっと強くなっていました。

ですがそれと反して、私は中学生のころいじめられていました。教科書は破かれるもの、ジャージは焼却炉で焼かれるもの、上履きはカッターで引き裂かれるものでした。もちろん、学校生活は楽しくありませんでした。

たぶん、漫画やアニメ、ゲームが大好きな私は、そうでない人にとって〝オタク〟という、異質な存在であり、近くにいてほしくなかったのだと思います。ちょうど、オタクという言葉が流行する要因にもなった、ひどい事件が起きたころでもありました。

つらい少年時代でしたが、大好きなものがあることは、私にとって大きな心の支えになっていました。

惰性で通っていた中学、それと比べれば少しはマシだった高校を卒業してから、舞台に立ったり声優の仕事をしたり、好きなことをして生きてきました。それで良かったんだとはっきりとわかったのは、２００９年、マインクラフトと出会った年のことです。

好きなことをやって生きてきた私はその年、２００９年11月に偶然、ハドソンと仕事をする機会に恵まれました。そしてそのとき高橋名人に再会できました。再会と言っても、高橋名人にとっては「はじめまして」だったでしょう。私は、高橋名人に憧れていた大勢の子どもの一人に過ぎなかったからです。でも私にとっては、願ってもみなかった、待ちに待った再会でした。

再会時、高橋名人からいただいたサイン。漢字表記の名義を使っていたころのもの。

ではどうして、大勢の子どものうち私が高橋名人に再会できたのか。

それは、子どものころから好きなことだけをやってきたからだと思っています。まわりから攻撃され続けていた時期に私を守ってくれたものたちをずっと好きでいたからだと思います。好きなものが、そこにあり続けてくれたからだと思います。

好きなものでお金を稼ぐという以前に、私は好きなものによって生かされてきたのです。

私にとって、命の恩人は高橋名人だけではありません。お目にかかることはありませんでしたが、スティーブン・ホーキング博士も本や映像を介して宇宙という世界の不思議を私に教えてくれた、楽しむきっかけを与えてくれた人です。宇宙のことを考えている間、私は破れた教科書や焼かれたジャージを忘れることができました。他にも、私を救ってくれた人はたくさんいます。誰も彼も、私一人ではその存在にすら気付けなかったであろう世界を見せてくれた大人ばかりです。

私が、今の子どもたちにより広い世界を知ってほしい、見てほしいと思っているのは、今いる世界がすべてではないことを知ってほしいからです。

世界はもっと広くて、もっと楽しいことがある。無限のワールドが広がっている。マインクラフトは、そう気がつくきっかけになります。それが、私がマインクラフトをたくさんの人に勧めてきた最大の理由なのかもしれません。

現在タツナミは、時々マインクラフトのワールドを飛び出してメタバースの世界にも活動を広げ、日々新たなチャレンジをしている。しかしメタバースの世界でのタツナミシュウイチのアバターはマインクラフトのキャラクターそのもの。

マインクラフトを心から愛し、尊敬し、ライフワークにすると覚悟を決めたマイクラおじさん。たとえブロックで作られたワールドから離れたメタバースの世界に行ったとしても、これがタツナミシュウイチという人間の姿、アイデンティティそのものなのである。

VR宇宙博物館コスモリア／天文仮想研究所 VSP
https://virtualspaceprogram.org/
Earth Textures:Created by modifying "EARTH DAY MAP"(www.solarsystemscope.com <http://www.solarsystemscope.com> (Licensed under CC BY 4.0)) https://creativecommons.org/licenses/by/4.0/

あとがき　～子どもたちの「好奇心」は無敵である～

改めましてタツナミでございます。

まずはここまで読んでくださった皆さんに改めて御礼を申し上げます、ありがとうございました！

ここで一旦「先生モード」は終了です。

お茶でも飲みながらダラーッとゲーム実況動画を観る感覚でOKです。

さて、ここまでの真面目な長～い話をよく辛抱強く読んでくださいました。

そしてこのあとがきまでたどり着いてくださった方、本当に貴重です。ありがとうございます。

貴重ついでに、ぜひ今すぐ私のSNSをフォローしていただいて、動画サイトもチャンネル登録していただいて、次の最新情報を私からゲットしてください。

そして、もうフォローしてるよという方は、今すぐハッシュタグ「#見て見て先生」をつけて、ついでに本の写真もつけていただき「今あとがき読んでるよ！」とSNSに投稿してください。最高にテンションが上がります。

たとえ仕事中でも食事中でも、電車の中でもお風呂の中でも通知が来るたび「うっほほーい！」と声を出して小躍りしていると思いますので想像して楽しんでください。

そして間違いなく次の作品への原動力になりますのでよろしくお願い申し上げます。


さて、この本で私が伝えたかったことがすべて伝えられているかというと……、すみません、決してそうではありません。まだまだ、本当にまだまだたくさんあります。

むしろ未来を背負って立つ子どもたちに伝えたいことや願いや祈りが200ページ超で収まるわけがありませんでした。

ですので、この本で書ききれなかったことはタツナミ本2冊目で書けたらと思います。ということで2冊目が書けるようにぜひ今すぐ私のSNSをフォローしていただいて……（以下繰り返し）。

これで、それなりにインフルエンサー的なアピールはできたので、少し真面目な話を振り返ります。

この本では主に「好奇心」という心の動きを取り上げてお話しした部分が非常に多く、また「好奇心」という単語は私の話の多くの事柄の中で特に頻繁に出てくる言葉でもあります。

そう、子どもたちの好奇心は無敵です。

大人になるにしたがって徐々に失っていく人がほとんどなので、好奇心だけに関していえば子どもたちにかなわない大人がほとんどでしょう。

だからこそ、この好奇心の大切さ、素晴らしさは、ほとんどの大人が忘れてしまっているわけです。

ここに好奇心が学びの種となる事実に、大人がなかなか気付きにくい理由がありま す。そしてこの好奇心という心の働きが、その人の行動や他の感情にも大きく影響を及ぼすことも大人はすっかり忘れています。

子どもは面白そうと思えばすぐそこに行きたがります、足元も見ずに。

手に取りたがります、温度や形状も気にせずに。

大声で話します、誰が聞いてるかも関係なしに。


あーもう、ハラハラしますね。勘弁してくれって思いますよね。

大人はそのたびに苦労します。子どもの好奇心って本当にやっかいだ……気が休まらない……！　ホントそうですよね。私も子どもを持つ親なのでその気持ちは痛いほどわかります。


ですが私は同じような行動をごくごく最近自分でもしていました。

あの日、マインクラフトのプロになりたいとワールドを作りまくりました。誰からもできるわけがないと笑われたけど。

あの日、たった一人で迷惑顧みずに品川の日本マイクロソフトに突撃しました。どうしても伝えずにはいられないと。

あの日、得意なことで社会貢献したいと学歴も資格も考えず行動しました。これまで勝手気ままに生きてきた人間だけど。

好奇心が赴くままに、気がついたら体が動いていました。

そして好奇心はもう一つの強い感情をいつの間にか私の中に芽生えさせてくれていました。
それがなんだったのか当時は無意識すぎて気付いていませんでした。
子どものころから自分に自信がなかった私は、そんな感情とは無縁だと自分で勝手に思い込んでいたので、誰かに言われるまで気がつきませんでした。

それは「勇気」だったのだと。

自分に自信がなかった子どものころの私に話して伝えてあげられる方法が、もしあるのなら伝えてあげたい。

「君はいつか勇気を持てる。その勇気で多くの人の役に立ち、多くの人に支えてもらい、幸せな人生を歩むことができるんだ。君という人間は最高の存在なんだよ」と。

そして今を生きる世界中の子どもたちにも伝えてあげたい。

「君も必ず勇気を持てる。その勇気で多くの人の役に立ち、多くの人に支えてもらい、幸せな人生を歩むことができるんだ。君という人間は最高の存在なんだよ」と。

さあ、様々な楽しい作品から人生を豊かにする言葉たちを連ね語りましょう

まさしく**『人間讃歌は「勇気」の讃歌ッ!!』**（①）

勇気はありとあらゆる不可能を、なんでも可能にしてくれます。

そして好きという気持ち、好奇心が強ければ強いほど、勇気と共に何事も成功へと導く強大なパワーになってくれます。

最初の一歩を踏み出すのは、本当に苦しいし、面倒だし、しんどいし、不安だし、怖い。ですが本当に好きなことであれば、好きなことがそばにいてくれたなら、その負の感情を一瞬で吹き飛ばしてくれる、むしろ無に帰してくれるはずだと私は確信しています。

だからこそかつて私は自分自身の体に満ちる勇気の存在を意識することなく、当たり前のように前に一歩を踏み出せたのです。

そしてその先の誰も行ったことのない場所にこそ、夢見た新天地が必ずあると私は知っています。

そんな素晴らしい場所を目指すだけの価値が、権利が、意味が、すべての人間の人生にはあるのではないでしょうか。

そんなたまらなく楽しい人生の多くのことを、世界中の子どもたちには一つでも多く経験してほしい。

そして彼らの人生を豊かに、そして幸せにしてほしいと思っています。

自分勝手に生きてきた私がそんな考えに行きつくことができました。

それは、私も一人の『**父親だからだよ　必要とか理屈とかじゃないんだ　おまえ達が何より大事なんだ　幸せになってほしいんだ**』（②）

残りの人生をそうして生きていきたい、そう思えるようになったからなのかもしれません。これまで40数年ちょっとヘンテコでしたが私のような生き方もあるし、この生き方も最高だよ。だから君も今の自分を受け入れて自信を持って進み続けていい。

きっと世界で稀有な存在、そう**『君はヒーローになれる』**③

子どもたちに会うたびにそう強く思っています。

そして私もこれからまだまだ走り続けなければと思います。

できないことも多いですし、挑戦してみたいことも山のようにあります。

何より私の話を日本国内ですらまだ伝えきれていないので、もっと津々浦々巡り巡って多くの方に話をしたいと思っています。

日本には今このときも、凝り固まり偏った大人の考えが原因で、子どもたちに最適な、そして子どもたちが切望する学びの環境を作れていない場所が非常に多くあります。彼らは自らが好きで望むことを選ぶ選択肢すら与えられていないのです。

『導いてくれるのは子どもたちなんだ、私たちが知らない世界に。彼等の選択を、邪魔してはいけない』(④)

そのことをあらゆるところで説くために、ぜひ皆さんの地元に呼んでください。子どもたちと会わせてください。一緒に遊ばせてください。

50になっても60になっても小学生と一緒にはしゃげるマイクラおじさんでいようと思います。

そして最期のときは『まったく!!!! いい人生だった!!!!』(⑤)と大笑いできるようこれからも走り続けようと思いますので、皆さんの力を貸してください。

たくさんの応援をこれからも何卒よろしくお願い申し上げます。

最後に。

本書を作るにあたって多くの皆様に謹んで謝辞を申し上げます。

この教育という世界に導いてくださった原田英典さん。共に教育の最先端を走ってくれている正頭英和先生、冨樫優太さん。大切な教え子の龍斗くん。大変なお願いを聞いていただき本当にありがとうございました。

陰日向に多くのサポートを日々提供してくださっている日本マイクロソフト株式会社の文教チームの皆さん。

マイクラの宇宙を一緒に作ってくださったJAXAの藤平耕一さん、河村耕平さん、宮崎直美さん、鈴木圭子さん、ルナクラフトチームの皆さん。

私に最高の活動拠点を与えてくださった東京大学大学院の渡邉英徳先生、藤本徹先生、渡邉研究室の片山実咲さん、藤本研究室の濱田璃奈さん。

日本の大学で初めてマインクラフトの授業を取り入れてくださった常葉大学の村井貴先生。

「Minecraftカップ」を一緒に作り上げてくれている土井隆さんはじめ、Minecraftカップ運営委員会事務局の皆さん。

世界に向けて共に挑戦してくれているJapan Crafters Unionのみんな、運営をしてくれている株式会社5Blocksスタッフの皆さん。

メタバースの魅力を人生で初めて教えてくれた導き手、バーチャル美少女ねむちゃん。メタバースの宇宙という新しい活動場所と居場所をくれた天文仮想研究所の天野ステラさん、えんでばーさんはじめ運営スタッフの皆さん。

テレビの世界で一気にタツナミの名前を広めてくださった、『マツコの知らない世界』スタッフの皆さん、『情熱大陸』スタッフの皆さん。

私の情報発信に非常に強力なシェア支援をくださる、カズさん、まぐにぃさん、じゃじゃーん菊池さん。

雨栗さん、米将軍さん、水月ルザクさん、さんちゃんく!の皆さん。きおきおさん、たいたいさん、帰宅部の皆さん。

そしてドズルさん、ぼんじゅうるさん、おんりーちゃん、おらふくん、おおはらMENちゃん、ネコおじさんはじめ、ドズル社スタッフの皆さん。

最高のイラストを描いてくれたタツナミ公式イラストレーターやこさん。

今までイベントや授業で出会ったすべての子どもたち、学生の皆さん。私の発信をいつも見てくれているフォロワーの皆さん。

改めて心から御礼を申し上げます。本当にありがとうございました!

さあ世界中の子どもたち、お待たせしたね。
ここからは君たちの出番だよ!!
マイクラおじさんタツナミでした！　じゃーの!!

セリフ出典一覧

①荒木飛呂彦『ジョジョの奇妙な冒険』集英社、１９８８（第3巻 第22話）
②荒川弘『鋼の錬金術師』スクウェア・エニックス、２０１０（第27巻 第１０８話）
③堀越耕平『僕のヒーローアカデミア』集英社、２０１４（第1巻、第1話）
④Spider Lily『リコリス・リコイル』アニプレックス・ＡＢＣアニメーション・ＢＳ11、２０２２（第1期 第13話）
⑤尾田栄一郎『ＯＮＥ ＰＩＥＣＥ』集英社、２０００（第16巻、第１４５話）
（やはり漫画やアニメも最高の人生の教科書だ！）

この本を書くに至る素晴らしい人生を共に作ってくれた、
妻むっこと息子たちにこれ以上ないくらい最大の感謝を持ってこの本を捧げます。
おかげでパパはここまで来ることができたよ。
心から愛しています。本当にありがとう。

構成　片瀬京子
カバーデザイン　金井久幸（TwoThree）
本文イラスト　やこ
校正　東京出版サービスセンター
DTP・図版作成　三協美術

タツナミシュウイチ
日本で最初のプロマインクラフター。東京大学大学院客員研究員、常葉大学客員教授、Minecraftカップ全国大会審査員長、マイクロソフト認定教育イノベーター・FELLOW。マインクラフト歴14年の通称「マイクラおじさん」。2018年マインクラフトマーケットプレイスにてアジア初、日本初の作品をリリース、プロマインクラフターとなる。2021年9月Microsoft Innovative Educator FELLOWの称号を米マイクロソフト社から授与。2023年4月、常葉大学にてマインクラフトを活用した講義を開始。同年7月、東京大学大学院情報学環に客員研究員として招聘。同年12月、常葉大学造形学部客員教授を拝命。各メディアにプロマインクラフターとして出演し、マインクラフトの教育的効果とエデュテインメントの効果について広く発信。現在もSTREAM教育や特別支援教育を推進していくためマインクラフトをプラットフォームとして使用した教育教材の制作や活用を研究中。書籍『はじめてでもだいじょうぶ！マインクラフトキャラクターずかん』『今日からはじめる！マインクラフト建築入門BOOK』（以上ポプラ社）の監修を務める。本書が初の著書。

ポプラ新書
257
子どもの能力が伸びるマインクラフトの使い方
2024年4月8日　第1刷発行

著者
タツナミシュウイチ

発行者
加藤裕樹

編集
村上峻亮

発行所
株式会社 ポプラ社
〒141-8210 東京都品川区西五反田 3-5-8 JR 目黒 MARC ビル 12 階
一般書ホームページ www.webasta.jp

ブックデザイン
鈴木成一デザイン室

印刷・製本
図書印刷株式会社

N.D.C.370/254P/18cm　ISBN978-4-591-18162-1

P8201257

生きるとは共に未来を語ること　共に希望を語ること

昭和二十二年、ポプラ社は、戦後の荒廃した東京の焼け跡を目のあたりにし、次の世代の日本を創るべき子どもたちが、ポプラ（白楊）の樹のように、まっすぐにすくすくと成長することを願って、児童図書専門出版社として創業いたしました。

創業以来、すでに六十六年の歳月が経ち、何人たりとも予測できない不透明な世界が出現してしまいました。

この未曾有の混迷と閉塞感におおいつくされた日本の現状を鑑みるにつけ、私どもは出版人としていかなる国家像、いかなる日本人像、そしてグローバル化しボーダレス化した世界的状況の裡で、いかなる人類像を創造しなければならないかという、大命題に応えるべく、強靭な志をもち、共に未来を語り共に希望を語りあえる状況を創ることこそ、私どもに課せられた最大の使命だと考えます。

ポプラ社は創業の原点にもどり、人々がすこやかにすくすくと、生きる喜びを感じられる世界を実現させることに希いと祈りをこめて、ここにポプラ新書を創刊するものです。

未来への挑戦！

平成二十五年　九月吉日　　株式会社ポプラ社